Urs Pfeiffer

Vom Notendrucker zum Rechtemakler

Urs Pfeiffer

Vom Notendrucker zum Rechtemakler

Die Entwicklung des modernen Musikverlags

Tectum Verlag

Urs Pfeiffer

Vom Notendrucker zum Rechtemakler
Die Entwicklung des modernen Musikverlags

ISBN: 978-3-8288-2806-3

Umschlagabbildung: photocase.com © ringo
Umschlaggestaltung: Norman Rinkenberger | Tectum Verlag
Printed in Germany

Besuchen Sie uns im Internet
www.tectum-verlag.de

Bibliografische Informationen der Deutschen Nationalbibliothek
Die Deutsche Nationalbibliothek verzeichnet diese Publikation in der Deutschen Nationalbibliografie; detaillierte bibliografische Angaben sind im Internet über http://dnb.ddb.de abrufbar.

INHALT

ABKÜRZUNGSVERZEICHNIS

A&R	Artist and Repertoire
AIFF	Audio Interchange File Format (Audiokomprimierungsformat)
BerV	Berechtigungsvertrag
BMG	Bertelsmann Music Group
B2B	Business to Business
B2C	Business to Customer
CD	Compact Disc Digital Audio
DKV	Deutscher Komponisten Verband
DMV	Deutscher Musikverleger Verband
DRM	Digital Rights Management
DVD	Digital Versatile Disc
GEMA	Gesellschaft für musikalische Aufführungs- und mechanische Vervielfältigungsrechte
GVL	Gesellschaft zur Verwertung von Leistungsschutzrechten
HAP	Handelsabgabepreis
IFPI	International Federation of the Phonographic Industry
IMPA	International Music Publishers Association
IMUC	Interessensverband Musikmanager und -consultants
MIZ	Deutsches Musikinformationszentrum
MPFS	Medienpädagogischer Forschungverbund Südwest
MP3	Moving Pictures Experts Group 1, Audio Layer 3 (Audiokomprimierungsformat)
P2P	Peer-to-Peer (engl. peer für Gleichgestellter, Ebenbürtiger)
RIAA	Recording Industry Association of America
SACEM	Société des Auteurs, Compositeurs et Éditeurs de Musique

UMP	Universal Music Publishing
UrhG	Urheberrechtsgesetz
UrhWG	Urheberrechtswahrnehmungsgesetz
VUT	Verband Unabhängiger Tonträgerunternehmen, Musikverlage und Musikproduzenten e.V.
WMA	Windows Media Audio (Audiokomprimierungsformat)

ABBILDUNGSVERZEICHNIS

1 Einleitung

Das Musikhören gehört in den westeuropäischen Ländern zu den wichtigsten Freizeitbeschäftigungen.[1] Wie kaum ein anderes Kulturgut ist Musik in unserer heutigen Zeit omnipräsent und allgegenwärtig. Sei es im Autoradio auf dem Weg zur Arbeit, der Konzertbesuch mit Freunden am Wochenende, das neuerworbene Album auf CD oder das Fernsehen mit zahlreichen nationalen und internationalen Musiksendern und Musiksendungen.

Technische Entwicklungen und Innovationen wie z.B. die zunehmende globale Vernetzung, der rasante Anstieg breitbandiger Internetanschlüsse, die Nutzung mobiler mp3-Player und die Popularität musiktauglicher Mobiltelefone tragen dazu bei, dass Musik nie so allgegenwärtig war wie heute.[2] Zahlreiche Studien und Untersuchungen listen die Medientätigkeit des Musikhörens auf vordersten Plätzen. Auch die jährlich durchgeführte JIM-Studie des Medienpädagogischen Forschungsinstituts Südwest, welche repräsentativ das Medienverhalten der 12- bis 19-Jährigen in Deutschland untersucht, erklärt das Musikhören, unabhängig vom verwendeten Übertragungsweg oder Medium wie Radio, mp3-Player oder Internet, zur wichtigsten Medientätigkeit.[3] Auch eine GfK-Studie weist für den Zeitraum von 1995 bis 2005 eine Verdreifachung der Musiknutzung von 14 Minuten auf 45 Minuten pro Tag aus.[4]

Aufgrund dieser Daten ist es nicht weiter verwunderlich, dass Musik in Deutschland ein wichtiges Wirtschaftsgut darstellt. So weist das Deutsche Musikinformationszentrum für den deutschen Musikwirtschafts- und Phonomarkt ein Umsatzvolumen in Höhe von 16,3 Milliarden Euro für

---

1 Vgl. SCHRAMM, H. (Verf.) (2006): ***Consumption and effects of music in the media,*** in *Communication Research Trends 25,* H. 4, S. 3-29.

2 Vgl. CLEMENT, M., PAPIES, D., SCHUSSER, O. (Verf.) (2009): ***Herausforderungen in der Musikindustrie,*** in *Ökonomie der Musikindustrie* (2. Auflage); Wiesbaden; S. 3; [ONLINE] http://dx.doi.org/10.1007/978-3-8349-9916-0 [Stand: 31.07.2010]

3 Vgl. Medienpädagogischer Forschungsverbund Südwest (Hrsg.) (2009): ***JIM-Studien 2009***; Stuttgart; S. 19 ff.; [ONLINE] http://www.mpfs.de/fileadmin/JIM-pdf09/JIM-Studie2009.pdf [Stand: 21.07.2010]

4 Vgl. Gesellschaft für Konsumforschung (Hrsg.) (2007): ***GfK Consumer Tracking März 2007***

das Jahr 2008 aus.[5] Die Tätigkeiten und Funktionen der meisten Marktteilnehmer der Musikwirtschaft sind als wichtiger Bestandteil der heutigen Informationsgesellschaft in der Öffentlichkeit größtenteils bekannt. So zählen zu den geläufigsten Vertretern der Musikwirtschaft die Musiklabels und Plattenfirmen, Komponisten und Musiker, Tonstudios, Instrumentenhersteller, Konzerthallen sowie Theater- und Konzertveranstalter.[6]

Ein anderes Bild ergibt sich im Bereich des Musikverlagswesens. Oftmals sind dessen Aufgaben, Funktionen und Tätigkeiten selbst dem Musikinteressierten nur schemenhaft bekannt und die Einflüsse und Wirkungsweise des Musikverlagswesens auf die Musikindustrie nur schwer nachvollziehbar. In der Öffentlichkeit werden die Musikverlagshäuser meist im Schatten des „großen Bruders" Plattenfirma gesehen und angesiedelt. Mögliche Gründe dafür liegen vermutlich in der Komplexität und Vielschichtigkeit der Funktionen, Geschäftsbereiche und des Schaffens der Musikverlage. So erscheinen die vielfältigen Tätigkeiten aus einem Komplex von Rechteverwertung, Notendruck und Notenvertrieb, Lizenzierung und Verwaltung von Nutzungsrechten musikalischer Werke, Künstlervermittlung, Künstlermanagement und Urheberrecht oft verwirrend und kompliziert.

Gerade im Vergleich zu anderen Bereichen der Musikwirtschaft zeigt sich diese Problematik auch im deutlichen Mangel an zitierfähiger Literatur und wissenschaftlichen Forschungsarbeiten über das Thema Musikverlagswesen. Dies ist umso erstaunlicher, gilt zum einen das Musikverlagswesen doch als das *„älteste Gewerbe der Musikwelt"*[7] und bilden zum anderen die vom Deutschen Musikinformationszentrum erfassten 1.174 aktiven Musikverlage für das Jahr 2008 mit einem Branchenumsatz in Höhe von

---

5 Vgl. Statistisches Bundesamt (Hrsg.): *Umsatzsteuerstatistik, div. Jahrgänge ab 2000 bis 2008;* zusammengestellt und berechnet von SÖNDERMANN, M. (2010): ***Unternehmen und Umsätze in der Musikwirtschaft und im Phonomarkt in Deutschland 2000-2008;*** [ONLINE] http://www.miz.org/intern/uploads/statistik45.pdf [Stand: 31.07.2010]

6 Vgl. SÖNDERMANN, M. (Verf.) (2008): ***Musikwirtschaft;*** [ONLINE] http://www.miz.org/static_de/themenportale/einfuehrungstexte_pdf/07_Musikwirtschaft/soendermann.pdf [Stand: 31.07.2010]

7 FUKKING, J. (Verf.) (2009): ***Der Musikverlag - ein Einstieg*** (2. Auflage); München; S. 5

752,4 Millionen Euro gut 12 Prozent des Umsatzes der Musikwirtschaft im engeren Sinne.[8]

Die lange historische Entwicklung des Musikverlagswesens, die Komplexität und das breite Spektrum der Geschäftsfelder, der Dualismus zwischen Kommerz und Kultur spiegeln die große Bedeutung des Musikverlagswesens in der heutigen Musikwirtschaft wider. Jörg Fukking beschreibt daher passenderweise den Musikverlag, seine Komponisten und Autoren auch als „[...] *Fundament der Pyramide in der klingenden Welt des Musikmarktes.*"[9]

1.1 Ausgangssituation und Problemstellung

Unter Verwertung und Vermarktung von Musik versteht die breite Masse oftmals den Verkauf von musikalischen Stücken – meist über das Medium des Tonträgers (CD, Schallplatte, MC usw.) aber auch in digitaler Form (mp3, AIFF, WMA usw.). Neben dem klassischen Verkauf von Tonträgern durch die Plattenfirmen und Tonträgerhersteller liegen die Tätigkeitsbereiche der Musikverlage, Rundfunk- und Fernsehstationen, der Film- und Werbeproduktionen und Veranstalter oftmals im Verborgenen. Allerdings spielt die Lizenzierung und Verwertung von musikalischen Werken in künstlerischer als auch in wirtschaftlicher Hinsicht eine bedeutende Rolle in der Musikindustrie und zählt zu den zentralen Aufgaben der Musikverlage. Dabei ist das Verwertungsspektrum von Musik so breit gefächert wie auch flexibel. Bis zum Beginn des 20. Jahrhunderts etwa war die Verwertung und Verbreitung von Musik einzig durch Notendruck und Notenpublikation möglich. Diese Fokussierung und Limitierung der Geschäftstätigkeiten des Musikverlagswesens, in welchem das gedruckte Notenwerk lange Zeit das Hauptmedium ihres Schaffens darstellte, wird ver-

8 Vgl. Statistisches Bundesamt (Hrsg.): *Umsatzsteuerstatistik, div. Jahrgänge ab 2000 bis 2008*; zusammengestellt und berechnet von SÖNDERMANN, M. (2010): ***Unternehmen und Umsätze in der Musikwirtschaft und im Phonomarkt in Deutschland 2000-2008***; [ONLINE] http://www.miz.org/intern/uploads/statistik45.pdf [Stand: 31.07.2010]

9 FUKKING, J. (Verf.) (2009): ***Der Musikverlag - ein Einstieg*** (2. Auflage); München; S. 7

deutlicht durch die Definition des Musikverlags im umfangreichen und umfassenden Standardwerk Allgemeine Enzyklopädie der Musik:

> *„Das Wort Musikverlag bezeichnet den gewerbsmäßig mit der Vervielfältigung und Verbreitung von Kompositionen und musikalischem Schrifttum beschäftigten selbständigen Teil des Buchhandels."*[10]

Das Aufkommen neuer Technologien wie Schallplatte, Rundfunk, Fernsehen und Tonbändern erweiterten nun das Verwertungsspektrum erheblich.[11] Damit veränderten sich auch die Geschäftsfelder, Organisationsstrukturen und Arbeitsweisen der Musikverlage, sodass eine derart begrenzte Definition diese nicht mehr zu Genüge abdecken konnte. Eine allgemeiner gehaltene und oft zitierte Definition bietet Prof. Dr. Hans W. Sikorski:

> *„Der Musikverlag ist ein nach kaufmännischen Grundsätzen geführtes Unternehmen, dessen Zielsetzung darauf gerichtet ist, auf eigene Rechnung und eigenes Wagnis die ihm anvertrauten musikalischen und musikdramatischen Werke seiner Autoren der optimalen künstlerischen und wirtschaftlichen Verwertung zuzuführen."*[12]

Besonders die Herausforderungen, welche sich nun mit den Entwicklungen und Neuerungen im Bereich der neuen Medien und neuen Technologien auftun und immer neue Verwertungs- und Verbreitungsmöglichkeiten für Musik offerieren, stellen die gesamte Musikwirtschaft und besonders die Musikverlage vor neue Aufgaben. Schnell wird deutlich, wie sehr sich das Tätigkeitsspektrum der Musikverlage verändert hat und sich noch immer einem stetigen Reform- und Anpassungsprozess ausgesetzt sieht. Durch diese Anpassungsprozesse und die Ausweitung auf neue Geschäftsbereiche hat der moderne Musikverlag sein Aufgabenspektrum auf

---

10 BEER, A. (Verf.) (1997): ***Musikverlage und Musikalienhandel*** in Blume, F. (Hrsg.) (1994-1998): *Allgemeine Enzyklopädie der Musik. Die Musik in Geschichte und Gegenwart.* Kassel; Band. 6, Sp. 693

11 Vgl. FUKKING, J. (Verf.) (2009): ***Der Musikverlag - ein Einstieg*** (2. Auflage); München; S. 6 f.

12 SIKORSKI, H. (Verf.) (1989): ***Musikverlag - was ist das?*** in Rauhe, H., Demmer, C. (Hrsg.) (1994): *Kulturmanagement: Theorie und Praxis einer professionellen Kunst*; Berlin; S. 319

neue Bereiche der Musikwirtschaft ausgeweitet und nimmt dabei nicht selten Aufgaben wahr, die ursprünglich Unternehmen aus anderen Bereichen des Musikbusiness zugeordnet waren. So werden zunehmend Aufgaben des klassischen Künstlermanagements, der Konzertveranstalter und -agenturen, als auch Kompetenzen der Tonträgerfirmen durch den modernen Musikverlag wahrgenommen.

>> *Gesamtumsatz des deutschen Phonomarkts in Millionen Euro*

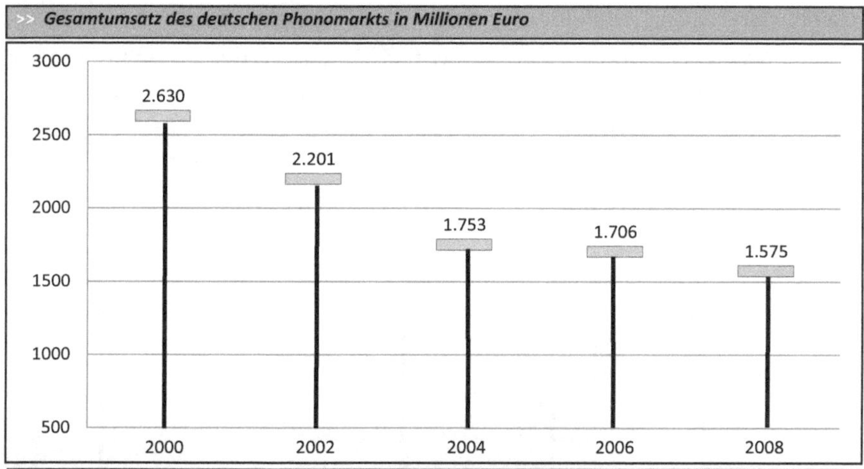

Abbildung 1 Gesamtumsatz des deutschen Phonomarkts in Millionen Euro
Hinweis: ab 2002 inkl. Musikvideos, ab 2004 inkl. Downloads (Pay per Track/Bundle), ab 2006 inkl. Mobile Music (Realtones, Ringback-Tunes, sonstige musikbezogene Inhalte).

Quelle: Eigene Darstellung nach Bundesverband Musikindustrie e.V. (Hrsg.) (2009): ***Gesamtumsatz des Tonträgermarktes*** in *Musikindustrie in Zahlen 2008*; Berlin; S. 13

Die Musikbranche hat sich in den letzten Jahrzenten einer grundlegenden Veränderung unterzogen. Ein verändertes Nutzungsverhalten, neue Medien und technologische Entwicklungen und damit neue Möglichkeiten der Übertragung, Speicherung und Nutzung von Musik haben die Musikindustrie vor große Herausforderungen gestellt. So ist auch dem Nicht-Brancheninsider bekannt, dass der deutsche Musikmarkt – im Speziellen der deutsche Phonomarkt[13] – schon seit Jahren einen stetigen Umsatzrückgang erfahren hat (siehe Abbildung 1). Der starke Anstieg der illegalen Musikkopien durch das Brennen von Musik-CDs, die große

13 Der Begriff Phonomarkt wurde durch den Bundesverband der Phonographischen Wirtschaft, heute Bundesverband Musikindustrie geprägt. Er beinhaltet die Tonträger-, Download-, Mobile- und Musikvideomärkte.

Verbreitung der Online-Piraterie und der damit einhergehende ungehinderte Zugang zu musikalischen Werken gelten nicht selten als Hauptursachen für die drastischen Umsatzrückgänge. Betrachtet man die Zahlen von 2000 bis 2008, fällt der Rückgang des Gesamtumsatzes mit gut 40 Prozent dramatisch aus.[14]

Trotz hinzugekommener Umsätze durch neue Vertriebsformen bzw. aus erweiterten Geschäftsfeldern, wie z.B. Musikvideos (Jahr 2002), Downloads (2004) und Mobile Music (2008), konnte der Umsatzrückgang nicht entsprechend abgefedert werden.

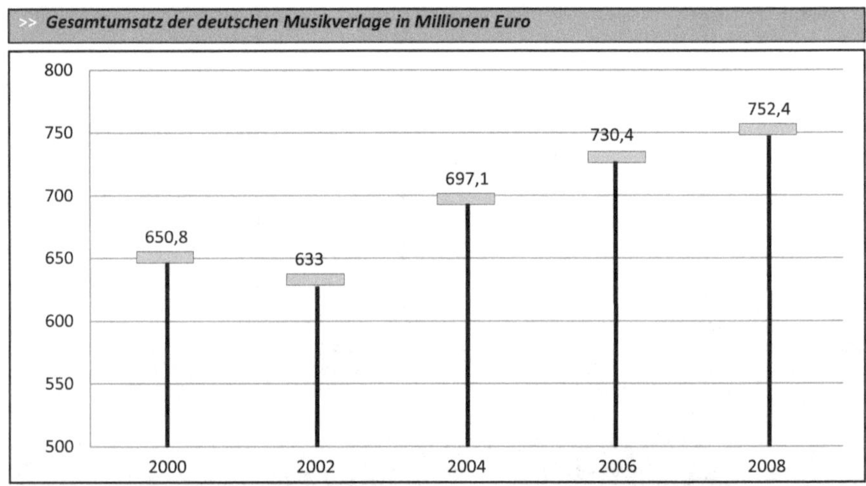

Abbildung 2 Gesamtumsatz der deutschen Musikverlage in Millionen Euro

Hinweis: erfasst wurden nur Unternehmen mit Umsätzen (= Lieferungen und Leistungen) über 16.617 Euro bzw. ab 2003 über 17.500 Euro. Wegen Neuzuordnung eines einzelnen Unternehmens (391 Mio. EUR) wurden die Angaben für das Jahr 2002 bereinigt.

Quelle: Eigene Darstellung nach Statistisches Bundesamt (Hrsg.): *Umsatzsteuerstatistik, div. Jahrgänge ab 2000 bis 2008*; zusammengestellt und berechnet von SÖNDERMANN, M. (2010): ***Unternehmen und Umsätze in der Musikwirtschaft und im Phonomarkt in Deutschland 2000-2008***

Auch das Musikverlagswesen unterliegt der allgemeinen Krise der Musikbranche. Und ebenso wie der Phonomarkt versucht, mittels neuer Vertriebsformen und neuer Geschäftsfelder (Digitaler Vertrieb und Downloads, Mobile Music usw.) dieser Krise zu begegnen, erlebt auch das

[14] Bundesverband Musikindustrie e.V. (Hrsg.) (2009): ***Gesamtumsatz des Tonträgermarktes*** in *Musikindustrie in Zahlen 2008*; Berlin; S. 13

Musikverlagswesen eine Umstrukturierung – oftmals weg vom klassischen Verlagsgeschäft wie Notendruck, -vertrieb hin zum multiinstrumentalen Musikunternehmen. Die im Jahr 2008 1.174 aktiven Musikverlage erwirtschafteten einen Umsatz in Höhe von 752,4 Millionen Euro – ein Wachstum im Vergleich zum Jahr 2000 um fast 16 Prozent (siehe Abbildung 2).[15]

Dieses Wachstum legt nahe, dass die Musikverlagswelt die Krise der letzten Jahre als Chance und Herausforderung begriffen hat. Die gesamte Musikbranche befindet sich in einer Phase der Neustrukturierung, doch vermutlich in keinem anderen Bereich der Musikwirtschaft zeigen sich die strukturellen Veränderungen mit neuen Geschäftsmodellen deutlicher als im Musikverlagswesen.

1.2 Hintergrund und Zielsetzung der Arbeit

Die vorliegende Arbeit erhebt nicht den Anspruch, die Gründe, Einflüsse und Auswirkungen der Krise in der Musikindustrie in Gänze zu betrachten. Auch die Untersuchung der Reaktionen und Maßnahmen der großen Musiklabels und der Tonträgerhersteller sollen in dieser Arbeit nicht zu ausführlich behandelt werden. Zu umfangreich wäre dieses Unterfangen und würde den thematischen Schwerpunkt dieser Arbeit, die Fokussierung auf das Musikverlagswesen, sprengen. Auch wurde diese Fragestellung in umfangreichem Maße und aus verschiedensten Blickwinkeln in zahlreichen wissenschaftlichen Arbeiten und in gängiger Fachliteratur bereits betrachtet, diskutiert und dargestellt.[16]

---

15 Vgl. Statistisches Bundesamt (Hrsg.): *Umsatzsteuerstatistik, div. Jahrgänge ab 2000 bis 2008*; zusammengestellt und berechnet von SÖNDERMANN, M. (2010): ***Unternehmen und Umsätze in der Musikwirtschaft und im Phonomarkt in Deutschland 2000-2008***; [ONLINE] http://www.miz.org/intern/uploads/statistik45.pdf [Stand: 31.07.2010]

16 Ausgewählte Literatur sind z.B. "Clement/Papies/Schusser - ***Ökonomie der Musikindustrie*** (2009) (2. Auflage); Wiesbaden"; "Renner - ***Kinder, der Tod ist gar nicht so schlimm*** (2008); Berlin"; "Haring - ***mp3: die digitale Revolution in der Musikindustrie*** (2002); Freiburg, Orange Press" oder die Publikationen des Bundesverband Musikindustrie e.V.

Diese Arbeit will vielmehr die Entwicklung des Musikverlags aufzeigen und dabei darlegen, inwieweit sich die allgemeine Krise der Musikindustrie auf das Musikverlagswesen ausgewirkt hat und noch immer auswirkt. Ebenso soll dargestellt werden, inwieweit sich das Musikverlagswesen als Reaktion auf die allgemeine Krise in der Musikindustrie in seiner Struktur, Arbeitsweise und in Geschäftsmodellen verändert hat und welche Rolle der moderne Musikverlag in der heutigen Musikindustrie einnimmt. Des Weiteren sollen zukünftige Perspektiven und mögliche Strategien skizziert werden, insbesondere im Hinblick auf die technischen Entwicklungen im Musikbereich und die sich damit gewandelten Verwertungs- und Vermarktungsmöglichkeiten.

Folgende Kernfragen lassen sich vor dem Hintergrund dieser Arbeit formulieren:

- Welche sind die prägnantesten Entwicklungen in der langen Geschichte des Musikverlagswesens?
- Wie wirkte sich die allgemeine Krise der Musikindustrie auf den Branchenzweig des Musikverlagswesens aus und inwieweit betreffen technologische Fortschritte und geänderte Marktbedingungen der Musikindustrie das Wirken des Musikverlags?
- In welchen Geschäftsfeldern und Aufgabenbereichen sieht das moderne Musikverlagswesen den Schwerpunkt seiner Arbeit und welche vorhandenen und zukünftigen Verwertungs- und Vermarktungsmöglichkeiten gilt es dabei zu nutzen?
- Wie ist die weitere Entwicklung des Musikverlagswesen unter Berücksichtigung möglicher Perspektiven, Chancen, Risiken und Aussichten einzuschätzen?

1.3 Vorgehensweise, Aufbau und Methodologie der Untersuchung

Wie bei den Zielsetzungen dieser Arbeit beschrieben, soll zunächst die geschichtliche Entwicklung des Musikverlagswesens analysiert und dargestellt werden (Kapitel 2). Es wird dabei aufgezeigt, in welchem historischen Kontext sich das Musikverlagswesen entwickelt hat, welche unterschiedlichen Musikbereiche das Musikverlagswesen differenziert und welche Hauptaufgaben des Musikverlags sich dabei herauskristallisiert und etabliert haben.

Im Anschluss an die historische Entwicklung des Musikverlagswesens werden die Ziele, Aufgaben und Tätigkeitsfelder des modernen Musikverlags untersucht (Kapitel 3). Es soll beleuchtet werden, inwiefern sich durch veränderte Marktbedingungen die Aufgaben und Geschäftsfelder der Musikverlage gewandelt haben. Die derzeitige Position und Stellung des Musikverlags in der Musikindustrie wird geklärt sowie eine Analyse der intern und extern beteiligten Interessenvertreter des Musikverlags durchgeführt.

Darauf aufbauend werden die Aussichten und Perspektiven sowie die geschätzte weitere Entwicklung des Musikverlagswesens angesprochen (Kapitel 4). Auch sollen die durch den technologischen Fortschritt und die Entwicklungen im Medienbereich gewandelten Vermarktungs- und Verwertungsmöglichkeiten von Musik aufgezeigt werden.

Diese Untersuchung stützt sich im Wesentlichen auf die einschlägige wissenschaftliche Literatur aus dem Medien- und Musikwirtschaftsbereich, Veröffentlichungen in Fachmagazinen wie der Musikwoche oder dem Musikmarkt und den Publikationen der Fachverbände wie dem Deutschen Musikverlegerverband (DMV), der Gesellschaft für musikalische Aufführungs- und mechanische Vervielfältigungsrechte (GEMA) und dem Bundesverband Musikindustrie e.V. (IFPI). Zusätzlich werden Daten des Statistischen Bundesamtes genutzt. Unterstützend zu den genannten Quellen dienen die Ausführungen und Aussagen von Branchenkennern aus dem Bereich des Musikverlagswesens oder der genannten Organisationen, wie der GEMA oder dem DMV, welche durch Expertenbefragung, telefonische und persönliche Interviews und einer Primärerhebung in Form eines Online-Fragebogens eruiert wurden.

1.4 Thematische Eingrenzung

Zwar muss das Musikverlagswesen stets als Teil der gesamten Musik- und Medienindustrie gesehen werden, dennoch bleibt, wie bereits in der Zielsetzung für diese Untersuchung festgelegt, der Schwerpunkt dieser Arbeit die Fokussierung auf das Musikverlagswesen.

In der Musikverlagswirtschaft wird, wie im Laufe dieser Arbeit noch näher erläutert wird, zwischen ernster Musik (E-Musik) und Unterhaltungsmusik (U-Musik) unterschieden. Diese Differenzierung ist dabei nicht selten problematisch, hat sie doch meist nicht nur wertende, sondern auch große wirtschaftliche und monetäre Bedeutung im Hinblick auf öffentliche Subventionen und Verwertungsvergütungen. Eine genauere Definition dieser Musikbereiche und die kritische Betrachtung dieser Unterscheidung soll im späteren Verlauf dieser Arbeit vorgenommen werden, dennoch sollen die Unterscheidung in U- und E-Musik zunächst auch in dieser Arbeit beibehalten werden. Da sich die Arbeitsweisen, Geschäftsfelder und Anforderungen an die Verwertung von musikalischen Werken in der E- und U-Musik teilweise stark unterscheiden, sind heutzutage fast alle Musikverlage mit Ausnahme weniger, wie z.B. der Peer Musikverlag GmbH oder der Internationale Musikverlage Hans Sikorski GmbH & Co. KG, ausschließlich in einem der beiden Bereiche tätig.[17] Da insbesondere die Verlage im U-Musikbereich in den letzten Jahren den größten Veränderungen unterworfen waren, bilden diese den Hauptuntersuchungsgegenstand dieser Arbeit.

---

17 Vgl. SIKORSKI, H. (Verf.) (1994): ***Musikverlag Gewerbe zwischen Kommerz und Mäzenatentum*** in Becker, J. (Hrsg.) (1994): *Festschrift für Reinhold Kreile zu seinem 65. Geburtstag*; Baden-Baden; S. 643 ff.

2 Geschichtliche Entwicklung des Musikverlagswesens

In den folgenden Abschnitten soll die geschichtliche Entwicklung des Musikverlagswesens dargestellt werden, um die Bedeutung des Verlagswesens in der heutigen Musikindustrie interpretieren zu können. Dabei soll aufgezeigt werden, in welchem historischen Kontext die Musikverlage entstanden und welche Entwicklungen und Fortschritte erkennbar sind.

Die Anfänge des Verlagswesens entstehen nicht erst mit der Erfindung des Buchdrucks, wie oftmals angenommen. So finden sich erste Zeichen der verlegerischen Tätigkeit bereits im Altertum. Schon in Zeiten lange vor Christi Geburt geht der Römer Titus Pomponius Atticus verlegerischen Tätigkeiten nach. So ist folgender Brief von Cicero an Atticus überliefert:

> *„Die Rede 'Pro Ligario' hast Du hervorragend verkauft. Nach diesem Erfolg werde ich alles, was ich noch schreiben werde, Dir zur Herausgabe übertragen."*[18]

Allerdings war diese verlegerische Tätigkeit oftmals mehr durch Mäzenatentum[19] geprägt als durch unser heutiges Verständnis von wirtschaftlichem Handeln. Auch die Unvollständigkeit bzw. das Fehlen von gesetzlichen Vorschriften und Normen zum Schutz von Urhebern und Verlegern verhinderte zu dieser Zeit das Aufkommen eines ausgebildeten Verlegergeschäfts.

Auch im Zeitraum des Mittelalters (ca. 800 bis 1500) findet man Ansätze der Vervielfältigung von Musik, auch wenn es kaum eine kommerzielle Verbreitung von musikalischen Werken gab. Die Vervielfältigung von Noten wurde zu dieser Zeit durch Klosterbibliotheken und Universitäten wahrgenommen. Im Gegensatz zum römischen Altertum, als noch Kopiersklaven und Kopierwerkstätten genutzt wurden, oblag diese Arbeit nun einzelnen Mönchen und Gelehrten, die diese in mühsamer Handarbeit

---

18 SCHULZE, E. (Verf.) (1981): ***Urheberrecht in der Musik*** (5. Auflage); Berlin, New York; S. 20

19 Der Begriff Mäzenatentum führt zurück auf den römischen Politikberater Gaius Maecenas. Dieser förderte mit erheblichen Mitteln die Dichter der römischen Antike, unter ihnen z.B. Horaz, Properz, Vergil.

verrichteten.[20] Der Verbreitungsgedanke der Klöster und Universitäten war jedoch stark eingeschränkt, da meist darauf geachtet wurde, sämtliche Handschriften in der jeweiligen Institution zu halten. Daher kann auch zusammenfassend festgehalten werden, dass zu dieser frühen Phase zwar erste Anzeichen von verlegerischen Tätigkeiten zu finden sind, jedoch noch nicht von einem entwickelten Musikverlagswesen gesprochen werden kann.

2.1 Der Notendruck – Die Anfänge der Musikverlage

Mit der Erfindung des Buchdruckes durch Johannes Gutenberg gegen Ende des 15. Jahrhunderts eröffneten sich auch für das Musikverlagswesen neue Chancen. Erst durch diese neuartige Drucktechnik erschlossen sich auch die Möglichkeiten zum gewerblichen Handel mit Noten. In diesem Stadium der Entwicklung fungierten die Drucker bzw. Druckereiinhaber als Verleger, brachten sie nicht nur das nötige Know-how, sondern auch die Technik, Maschinen und Ausrüstung mit. Es ist Ottaviano dei Petrucci aus Italien, der in den meisten Quellen als der Erfinder des Notendrucks bezeichnet wird.[21] Zwar ist Petrucci nicht der Erste, der musikalische Werke abdruckt, jedoch erreicht er mit seiner patentierten Drucktechnik der beweglichen Metalltypen (Venedig, 1498) eine bisher nicht erreichte Druckqualität.

In Deutschland gehören Erhard Oeglin aus Augsburg und Peter Schöffer in Mainz zu den Ersten, die Petruccis Drucktechnik mit beweglichen Metalltypen imitieren.[22] Fungieren diese noch als Drucker und Musikalienhändler in einer Person, so ist Hans Ott aus Nürnberg als erster reiner Musikverleger zu nennen. Im Gegensatz zu Oeglin und Schöffer war Ott kein Notendrucker, sondern ließ Notenausgaben herstellen und spezialisierte sich ausschließlich auf deren Vertrieb.[23]

---

20 Vgl. BAIERLE, C. (Verf.) (2009): ***Der Musikverlag***; München; S. 54

21 Vgl. ebenda; S. 57

22 Vgl. SIKORSKI, H. (Verf.) (ohne Jahr): ***Geschichte des Verlagswesens*** in Moser, P., Scheuermann, A. (Hrsg.) (2003): *Handbuch der Musikwirtschaft - Der Musikmarkt* (6. Auflage); Starnberg; S. 282

23 Vgl. BAIERLE, C. (Verf.) (2009): ***Der Musikverlag***; München; S. 59

Für die Komponisten und Autoren bedeutete diese Entwicklung jedoch noch nicht die erhoffte wirtschaftliche Anerkennung ihrer Arbeit. So profitierten sie lediglich in künstlerischer und ideeller Hinsicht. Eine finanzielle Entlohnung der Autoren und Komponisten durch den Musikverleger wurde nicht betrieben, da der „*[...] Drucker-Verleger sich die Werke, die er drucken wollte, meistens verschaffte, ohne hierfür eine Vergütung im heutigen Sinne zu leisten.*"[24]

Einen weiteren Meilenstein erlebte das Musikverlagswesen durch Johann Gottlob Immanuel Breitkopf aus Leipzig. Durch seine Weiterentwicklung der beweglichen und zerlegbaren Typen in kleinere Segmente gegen Ende des 18. Jahrhunderts verbesserte sich die Qualität des Druckexemplars erheblich. Durch verlegerisches Geschick, den Einsatz moderner Drucktechniken, ein weit reichendes Vertriebsnetz und günstige Angebote konnte sich der Musikverlag Breitkopf – ab 1795 nach der Übernahme durch Gottfried Härtel Musikverlag Breitkopf & Härtel genannt – zu einem der einflussreichsten und wichtigsten Verleger etablieren. Heute gilt der Musikverlag Breitkopf & Härtel als der älteste noch tätige Musikverlag der Welt.[25]

Neben der Methode der beweglichen und zerlegbaren Typen durch Breitkopf, markierte die Technik der Lithographie[26], entwickelt 1798 durch Alois Senefelder, eine schwunghafte Entwicklung des Notendrucks. Dies ermöglichte nun ein Massendruckverfahren, das Vervielfältigungen in einer für damalige Verhältnisse hohen Auflage erlaubte. Eine besondere Bedeutung kommt dabei dem 1774 in Offenbach gegründeten Musikverlag von Johann Jean André zu. So ist es sein Sohn, Johann Anton André, der 1799 die Rechte für das Druckverfahren der Lithographie von Senefelder erwirbt.[27] Und es ist Senefelder persönlich, der die ersten fünf Steindruck-

---

24 SIKORSKI, H. (Verf.) (ohne jahr): ***Geschichte des Verlagswesens*** in Moser, P., Scheuermann, A. (Hrsg.) (2003): *Handbuch der Musikwirtschaft - Der Musikmarkt* (6. Auflage); Starnberg; S. 282

25 Vgl. BAIERLE, C. (Verf.) (2009): ***Der Musikverlag***; München; S. 71

26 Litthographie - aus dem altgriechischen lithos = Stein und graphein = schreiben. Eine seitenverkehrte Steinzeichnung dient als Ausgangsprodukt für die Vervielfältigung durch Steindruck.

27 Vgl. BAIERLE, C. (Verf.) (2009): ***Der Musikverlag***; München; S. 73

pressen in Offenbach einrichtet und André in deren Bedienung und Gebrauch einweist.

Neben André war es auch Bernhard Schott, der als einer der ersten Musikverleger die Lithographie anwandte. Schon früh konzentrierte sich Schott auf die damals zeitgenössischen und von den Massen nachgefragten Opern und die Pianomusik. Durch das Vervielfältigungsverfahren der Lithographie konnte das Notenmaterial in hohen Auflagen gedruckt und verbreitet werden. Der noch heute bestehende Musikverlag Schott genoss zusätzlich ein besonderes Privileg – 1780 erhielt Bernhard Schott das „privilegium exclusivum" und den Titel „Hofmusikstecher". Dies bedeutete, dass innerhalb des Kurfürstentums alle von ihm hergestellten Werke weder nachgedruckt noch verkauft werden durften.

Die Bedeutung eines solchen Privilegs wird besonders deutlich, wenn man sich das Nichtvorhandensein von Schutzrechten oder Urheberrechten zu Beginn des 19. Jahrhunderts vor Augen führt. Aufgrund dieses Mangels und des Umstands, dass die Verleger jener Zeit in großem Wettstreit und Konkurrenz zueinander standen, war es gängige Praxis, dass musikalische Werke wechselseitig nachgedruckt, vervielfältigt und verkauft wurden. Um das damals schon allgemein schädliche Nachdruckproblem in den Griff zu bekommen, wurde 1829 der "Conventional-Acte" zum Schutz vor unerlaubtem Nachdruck von sämtlichen führenden Musikverlegern jener Zeit unterzeichnet. Am 23. Mai 1829 waren es 16 deutsche Musikalienhändler, die sich zum "Verein der Musikverleger gegen musikalischen Nachdruck" zusammenschlossen.[28] Aus diesem entwickelte sich später der Deutsche Musikverleger-Verband e.V. (DMV), welcher heute mit über 500 Musikverlagen mehr als 90 % der in der Bundesrepublik Deutschland tätigen Musikverlage organisiert.[29]

Von besonderer Bedeutung ist dabei der Verlag Hofmeister. Dieser wurde 1807 von Friedrich Hofmeister in Leipzig gegründet. Friedrich Hofmeister

---

28 Vgl. WITTGEN, H. (Verf.) (ohne Jahr): ***Deutscher Musikverleger-Verband*** in Moser, P., Scheuermann, A. (Hrsg.) (1997): *Handbuch der Musikwirtschaft - Der Musikmarkt* (4. Auflage); Starnberg; S. 564

29 Vgl. Deutscher Musikverleger-Verband e.V. (Hrsg.) (2009): ***Der DMV***; Bonn; [ONLINE] http://www.dmv-online.com/index.php?id=3 [Stand: 31.07.2010]

setzte sich nachdrücklich für die Interessen der Verleger ein. Der Conventional-Acte wurde auf sein Betreiben hin aufgelegt. Auch die Gründung des Vereins der Musikverleger gegen musikalischen Nachdruck stand unter der Führung durch Hofmeister, so fungierte er auch als dessen erster Sekretär. Dieser Schutzverband trug auch wesentlich dazu bei, das Bewusstsein für geistiges Eigentum und Urheberrechte zu fördern. So war diese Berufsvereinigung auch maßgeblich an der Erarbeitung und Entwicklung des deutschen Urheberrechts von 1901 beteiligt (mehr dazu in Kapitel 2.4 *„Das Urheberrecht in der Musikwirtschaft“*). Auch die Gründung der „Anstalt für musikalische Aufführungsrechte“ (AFMA) fand unter maßgeblicher Beteiligung der Berufsvereinigung der Musikverleger statt, welche eine Vorgängerin der heutigen GEMA ist (mehr dazu in Kapitel 2.4.3.1 *„Geschichtliche Entwicklung der GEMA“*).

Zusammenfassend sind folgende Entwicklungen für diese Epoche des Musikverlagswesens entscheidend:

- Die Erfindung des Buchdrucks und die dadurch entstehenden drucktechnischen Mittel ermöglichen erst den wirtschaftlichen Handel mit Noten. Dabei gehören Drucker und Druckereiinhaber zu den ersten Musikverlegern.
- Technische Weiterentwicklungen im Bereich der Drucktechnik, wie der Druck mit beweglichen und zerlegbaren Typen (Breitkopf) oder die Lithographie (Senefelder), ermöglichen qualitativ immer hochwertigere Notendrucke in hohen Auflagen.
- In den Anfängen des Musikverlagswesens profitieren Komponisten und Autoren höchstens immateriell und in ideeller Hinsicht von der Veröffentlichung ihrer Werke. Eine direkte Vergütung ist höchst selten und auch das Kopieren und Nachdrucken durch konkurrierende Musikverleger wird in hohem Maße wechselseitig betrieben.
- Das Nichtvorhandensein von Schutz- oder Urheberrechten prägt diese frühe Epoche des Musikverlagswesens. Dies führt dazu, dass sich gegen Ende der 1820er Jahre mehrere führende Musikverleger zum Schutz vor unerlaubtem Nachdruck zusammenfinden.

- Gegen Ende des 19. Jahrhunderts werden auch unter Mitwirkung einiger bedeutender Musikverlagshäuser die Grundlagen für ein Urheberrechtsmodell in Deutschland und die Entstehung von Verwertungsgesellschaften gelegt.

2.2 Rundfunk, Schallplatte und Co. – Die Zeit der elektronischen Medien und der erste Umbruch im Musikverlagswesen

Einen ersten Umbruch erlebt das Musikverlagswesen zu Beginn des 20. Jahrhunderts. Im Zuge der technologischen Entwicklungen und Fortschritte entstehen neue Transportwege für musikalische Werke. Neue Medien wie die Schallplatte oder Tonbänder etablieren sich. Auch die ersten elektronischen Medien wie Rundfunk, Film und später das Fernsehen verändern die Musikverlagsbranche maßgeblich und stellen sie vor neue Herausforderungen, aber auch Möglichkeiten, da sich das Verwertungsspektrum für musikalische Werke durch diese neuartigen Kanäle erheblich erweitert.

Bis zur Jahrhundertwende stellte noch das gedruckte Notenwerk das einzige Medium zum Transport von musikalischen Werken dar. Eben dieses Kerngeschäft der Musikverleger, das Produzieren und Vertreiben von Noten, war dabei die Grundlage für sämtliche öffentliche Aufführungen. Durch das Medium der Schallplatte, die nicht nur in Europa, sondern auch in den Vereinigten Staaten von Amerika ihren Siegeszug antrat, veränderte sich nun das Verhältnis zwischen dem Aufführungsrecht und dem mechanischen Vervielfältigungsrecht von Musik. Parallel zu diesem Verhältnis veränderte sich auch die wirtschaftliche Bedeutung. Durch die Verbreitung von musikalischen Werken mittels Tonträger, wie der Schallplatte oder dem Tonband, entwickelte sich das mechanische Vervielfältigungsrecht zu einem elementaren Bestandteil der Musikwirtschaft und die Verwertung dieser Rechte zu einem neuen Kerngeschäft der Musikverlagshäuser.[30]

30 Vgl. SIKORSKI, H. (Verf.) (ohne Jahr): ***Geschichte des Verlagswesens*** in Moser, P., Scheuermann, A. (Hrsg.) (2003): *Handbuch der Musikwirtschaft - Der Musikmarkt* (6. Auflage); Starnberg; S. 285

Als erstes elektronisches Medium bildete sich Mitte der 1920er Jahre der Hörfunk zu einem wichtigen Baustein zur Verbreitung und Verwertung von Musik heraus. Im Gegensatz zur öffentlichen Aufführung war das Radio nicht an Zuschauerkapazitäten, Öffnungszeiten und Konzerttermine gebunden, die Vermittlungsmöglichkeit für Musik stieg um ein Vielfaches. Schon Anfang der 1930er Jahre liegt das Musikverwertungsverhältnis zwischen öffentlicher Aufführung, mechanischer Vervielfältigung (Tonträger, Schallplatte usw.) und Hörfunk bei jeweils einem Drittel.[31] Neben dem Radio beginnt sich der Tonfilm als weiteres Medium zu etablieren, bis Ende der 1950er Jahre das Medium Fernsehen die marktführende Rolle übernimmt.[32]

Mit der Erweiterung dieses Verwertungsspektrums, der Verlagerung der Prioritäten und Bedeutung einzelner Verwertungsmöglichkeiten setzt eine zunehmende Spezialisierung innerhalb der Musikverlage ein. Die Schwerpunktverlagerung auf bestimmte Musikbereiche, Genres bzw. Anwendungsbereiche ist ein stark verbreitetes Phänomen dieser Epoche. Statt die breite Masse aller musikalischen Genres abdecken zu wollen, spezialisieren sich die Verlage zunehmend auf musikalische Teilbereiche. So treten neue Musikverlage in Erscheinung, die sich ausschließlich auf die immer populärer werdende Unterhaltungsmusik spezialisieren. Andere Verlage betreiben eine noch ausgeprägtere Spezialisierungpolitik und befassen sich nun ausschließlich mit Instrumentengruppen, wie Musik für Akkordeon, Gitarre oder Blasmusik. Weitere Verlage legen ihr Repertoire auf ganz bestimmte Anwendungsgebiete fest, wie der Chor-, der Schul- oder der geistlichen Musik oder der Produktion oder Verwertung für funktionelle Musik, welche ihren Anwendungsbereich hauptsächlich in den noch jungen Medien Film und Fernsehen haben.[33]

---

31 Vgl. SIKORSKI, H. (Verf.) (ohne Jahr): ***Geschichte des Verlagswesens*** in Moser, P., Scheuermann, A. (Hrsg.) (2003): *Handbuch der Musikwirtschaft - Der Musikmarkt* (6. Auflage); Starnberg; S. 285 f.

32 Vgl. BAIERLE, C. (Verf.) (2009): ***Der Musikverlag***; München; S. 92

33 Vgl. SIKORSKI, H. (Verf.) (ohne Jahr): ***Geschichte des Verlagswesens*** in Moser, P., Scheuermann, A. (Hrsg.) (2003): *Handbuch der Musikwirtschaft - Der Musikmarkt* (6. Auflage); Starnberg; S. 286 ff.

Gestützt wird dieser Trend zur Spezialisierung durch eine Spaltung und Differenzierung der Musiklandschaft. Nachdem sich im Mittelalter die weltliche von der geistlichen Musik differenziert hat, vollzieht sich zu Beginn des 20. Jahrhunderts eine weitere Trennung und Aufteilung in die Bereiche der E-Musik, der ernsten Musik und der U-Musik, der Unterhaltungsmusik[34] (mehr dazu in Kapitel 2.3 *„Die Differenzierung in Unterhaltungsmusik und ernsthafter Musik"*). Besonders der sich schnell entwickelnde und boomende Bereich der Unterhaltungsmusik unterstützt den Spezialisierungstrend der Musikverlagshäuser mit seinen vielfältigen Genres und Musikstilen.

Von besonderer Bedeutung ist dabei das Aufkommen der ersten konzernabhängigen Musikverlage. Unternehmen aus der Film- und Fernsehindustrie gründen in dieser Zeit eigene, konzernabhängige Musikverlage. Der Bedarf nach funktioneller Musik für Film- und Fernsehen ist aufgrund der sich schnell entwickelnden Medienlandschaft groß und der Bereich der Film- und Tanzmusik Hauptumsatzträger im U-Musikbereich.[35] Aus diesem Grund entwickeln sich die auf diesem Gebiet tätigen Musikverlage schnell zu großen und einflussreichen U-Musikverlagen.

Auch die Entwicklung und Etablierung eines Verständnisses und allgemeinen Gedanken für urheberrechtlichen Schutz sowie die Einrichtung von Verwertungsgesellschaften prägen diese Entwicklungsphase des Musikverlagswesens. Denn erst durch gesetzliche Rahmenbedingungen, Vergütungsmöglichkeiten für die Autoren, Komponisten und Verleger und die Gründung und Etablierung von Verwertungsgesellschaften wurde ein Rahmen erstellt, der das wirtschaftliche und profitable Verlegen von Musik ermöglichte.

Zusammenfassend ist diese Epoche der Verlagsbranche von folgenden Faktoren geprägt:

---

[34] Vgl. SIKORSKI, H. (Verf.) (ohne Jahr): ***Geschichte des Verlagswesens*** in Moser, P., Scheuermann, A. (Hrsg.) (2003): *Handbuch der Musikwirtschaft - Der Musikmarkt* (6. Auflage); Starnberg; S. 285

[35] Vgl. ebenda; S. 287

- Technologische Entwicklungen lassen neue Transportwege für musikalische Werke entstehen. Neue Medien wie Radio, Film und Fernsehen ermöglichen und vereinfachen die Verbreitung und Streuung für Musik.
- Neben neuen Medien bewirken auch neue Medienformate wie Schallplatte, Tonband oder CD eine Entwicklung der Musikverlagsbranche. Die daraus entstehenden neuen Verwertungsmöglichkeiten von Musik verändern das Kräfteverhältnis zwischen öffentlicher Aufführung und mechanischer Vervielfältigung.
- Der bis zum Ende des 19. Jahrhunderts geschäftliche Schwerpunkt der Musikverlage auf der Herstellung und Vertreibung von Notendrucken verlagert sich besonders im Bereich der U-Musik auf die Verwertung von Aufführungs- und Senderechten und mechanischen Vervielfältigungsrechten.
- Die Musiklandschaft und mit ihr das Musikverlagswesen beginnt in zwei Musikbereiche zu differenzieren – in den Bereich der E-Musik, der ernsten Musik und in den Bereich der U-Musik, der Unterhaltungsmusik. Infolge dieser Trennung und durch die steigende Anzahl unterschiedlicher Musikgenres, besonders im Unterhaltungsmusikbereich, entstehen die ersten Populärmusikverlage.
- Im Bereich der Unterhaltungsmusik werden die ersten konzerngebundenen Musikverlage von Film- und Fernsehunternehmen gegründet, die dadurch bei ihren eigenen Produktionen auch in musikverwertungsrechtlicher Hinsicht partizipieren. Viele dieser schnell wachsenden jungen Verlage entwickeln sich dank der immensen Ausbreitung der elektronischen Medien schnell zu bedeutenden und einflussreichen Musikverlagen.
- Die ersten produzierenden Musikverlage entstehen. Neben den bis dato klassischen Verlagstätigkeiten, wie dem Notendruck und Vertrieb bzw. dem Verwalten und der Vergabe von Musikrechten, betätigen sich mehr und mehr Verlage als eigenständige Musikproduzenten. Eigene Tonstudios, Management- und A&R-Abteilungen werden gegründet, die Tonträgerherstellung wird teilweise in eige-

ner Regie bzw. durch angeschlossene oder neu gegründete Musiklabels übernommen.

- Eine allgemeine Internationalisierung der Musikverlage ist zu verzeichnen. Neben den weltweit tätigen konzernabhängigen Verlagshäusern herrscht die Tendenz zum Wachstum durch Unternehmensübernahmen und Verlagszusammenschlüsse.

2.3 Die Differenzierung in Unterhaltungsmusik und ernsthafte Musik

Nachdem es im Mittelalter zu einer ersten Spaltung der Musiklandschaft kam, die Unterscheidung in die „musica profana" und die „musica sacra"[36], vollzog sich zu Beginn des 20. Jahrhunderts eine erneute Aufteilung in die Kategorien der E-Musik, der ernsten Musik und der U-Musik, der Unterhaltungsmusik.[37] Bis zum Ende des 19. Jahrhunderts konnten fast uneingeschränkt sämtliche Werke der E-Musik zugeordnet werden, die Ernste Musik bildete damit die Basis aller musikverlegerischen Tätigkeiten. Heute werden der E-Musik neben der sogenannten Klassik oder klassischen Musik auch zeitgenössische und als „kulturell wertvolle" bzw. „ernst zu nehmende" Musik zugeordnet. Diese zeitgenössische E-Musik ist oftmals gekennzeichnet durch ihren „ernsten" musikalischen Charakter. Tonfolgen, Rhythmik und Aufbau der meist durchkomponierten Melodielinie unterliegen dabei meist keinen formalen Beschränkungen bzw. zeichnen sich durch die Aufhebung von eindeutiger Zuordnung in Dur- oder Moll-Tonalität aus.[38]

Der Komplexität der E-Musik steht die Unterhaltungsmusik mit vergleichsweise einfachem Aufbau und leicht erfassbaren Strukturen gegen-

---

36 musica profana – weltliche Musik, zur weltlichen Erbauung oder Unterhaltung musica sacra – Sakrale Musik, Kirchenmusik, geistliche oder zum Lobe Gottes

37 Vgl. SIKORSKI, H. (Verf.) (ohne Jahr): ***Geschichte des Verlagswesens*** in Moser, P., Scheuermann, A. (Hrsg.) (2003): *Handbuch der Musikwirtschaft - Der Musikmarkt* (6. Auflage); Starnberg; S. 287

38 Vgl. Dr. Sauter Musikverlag GmbH (Hrsg.) (ohne Jahr): ***Glossar - E-Musik***; München; [ONLINE] http://www.sautermusik.de/glossar.html#e_emusik [Stand: 31.07.2010] und FUKKING, J. (Verf.) (2009): ***Der Musikverlag - ein Einstieg*** (2. Auflage); München; S. 8

über. So beinhaltet die Unterhaltungsmusik meist die populären und kommerziellen Musikrichtungen wie Pop- und Rockmusik, Schlager, Musicals, Volks- und elektronische Musik und hat keinen ausdrücklichen Anspruch als „Kunst" im Sinne der kulturellen Bedeutung. Die einfache Charakteristik der musikalischen Elemente wird oftmals begleitet durch eine meist sich wiederholende Rhythmik- und/oder Melodieabfolge. So weist eine Komposition der Unterhaltungsmusik auch meist eine klassische Lied- oder Songform mit einer durchgängigen Moll- oder Dur-Tonart auf.[39]

Oftmals werden auch die Aufführungs- und Sendemöglichkeiten als Kriterium zur Unterscheidung in Ernste Musik und Unterhaltungsmusik zu Rate gezogen. Die zu Beginn des 20. Jahrhunderts einsetzende immer größer werdende Bedeutung der populären Musik wie Jazz, Operette oder Tanzmusik – alles Genres, die der Unterhaltungsmusik zugehörig sind – verhalfen der U-Musik zu geradezu paradiesischen Aufführungs- und Sendemöglichkeiten, insbesondere im Vergleich zur E-Musik.[40] Um dieser Divergenz entgegenwirken zu können und um gleichzeitig der Anforderung des Urheberrechtswahrnehmungsgesetzes nach dem Grundsatz, „[...] dass kulturell bedeutende Werke und Leistungen zu fördern sind"[41] Rechnung zu tragen, wurden seitens der Verwertungsgesellschaften unterschiedliche Bewertungen und Vergütungsmodelle für Unterhaltungsmusik und Ernste Musik zugrunde gelegt.

Da mit der Unterscheidung in E- und U-Musik nicht nur eine wertende Einteilung unternommen wird (kulturell anspruchsvoll / wertvoll), sondern durch die unterschiedlichen Vergütungsrichtlinien für E- und U-Musik auch eine geldwerte und wirtschaftliche Abgrenzung erfolgt, ist die

---

39 Vgl. Dr. Sauter Musikverlag GmbH (Hrsg.) (ohne Jahr): ***Glossar - U-Musik***; München; [ONLINE] http://www.sautermusik.de/glossar.html#u_umusik [Stand: 31.07.2010] und FUKKING, J. (Verf.) (2009): ***Der Musikverlag - ein Einstieg*** (2. Auflage); München; S. 8

40 Vgl. SIKORSKI, H. (Verf.) (ohne Jahr): ***Geschichte des Verlagswesens*** in Moser, P., Scheuermann, A. (Hrsg.) (2003): *Handbuch der Musikwirtschaft - Der Musikmarkt* (6. Auflage); Starnberg; S. 286

41 ***§7 Verteilung der Einnahmen*** in Gesetz über die Wahrnehmung von Urheberrechten und verwandten Schutzrechten - *Urheberrechtswahrnehmungsgesetz* UrhWG; 2007

Unterscheidung in E- und U-Musik äußerst problematisch und umstritten und wird häufig, insbesondere von Autoren und Verlegern aus der Sparte der Unterhaltungsmusik, in Frage gestellt.

Neben der deskriptiven und geldwerten Unterscheidung dieser beiden Richtungen differenzieren sich auch die Anforderungen an Organisationsstruktur, Verwertung und Vermarktung sehr stark. Während für den E-Musik-Bereich das klassische Notengeschäft mit der Herstellung und dem Vertrieb von gedruckten Notenerzeugnissen im Vordergrund steht, beschäftigen sich U-Musikverlage im Kerngeschäft meist mit der Auswertung von diversen Rechten wie dem Aufführungs- und Senderecht, dem mechanischen Recht oder mit Synchronisationsrechten. Aus diesem Grund beschäftigt sich heute ein Großteil der Musikverlage jeweils ausschließlich mit der U- oder mit der E-Musik.[42]

2.4 Das Urheberrecht in der Musikwirtschaft

Ohne Zweifel ist das Urheberrecht eine der wichtigsten Gesetzesgrundlagen für die Musikbranche. So bezweckt das Urheberrecht den Schutz des geistigen Eigentums und regelt daraus hervorgehende wirtschaftliche Ansprüche. Die persönlichen geistigen Schöpfungen in den Bereichen Literatur und Kunst, worunter auch das Wirken von Komponisten und Autoren fällt, werden namentlich durch das Urheberrecht geschützt.[43]

Neben der schöpferischen Arbeit schützt das Urheberrecht zusätzlich die sogenannten „verwandten Schutzrechte" – sonstige wirtschaftliche, künstlerische oder gewerbliche Leistungen, die keine oder eine niedrigere individuelle Gestaltung aufweisen, jedoch in engem Zusammenhang mit urheberrechtlich schutzfähigen Werken stehen und somit eine Beziehung oder Ähnlichkeit zum Urheberrecht aufweisen.[44]

---

42 Vgl. BAIERLE, C. (Verf.) (2009): ***Der Musikverlag***; München; S. 46

43 ***§2 Geschützte Werke*** in Gesetz über Urheberrecht und verwandte Schutzrechte – Urheberrechtsgesetz (UrhG); 2008

44 Vgl. HERTIN, P. (Verf.) (ohne Jahr): ***Grundlagen des Musikurheberrechts*** in Moser, P., Scheuermann, A. (Hrsg.) (2003): *Handbuch der Musikwirtschaft - Der Musikmarkt* (6. Auflage); Starnberg; S. 771

Diese Leistungsschutzrechte werden durch das Urheberrecht als verwandte Schutzrechte anerkannt und geschützt. Darunter fallen unter anderem die Rechte an wissenschaftlichen Ausgaben urheberrechtlich nicht geschützter Werke (§ 71 UrhG), die Rechte nachgelassener Werke (§ 71 UrhG) und der Schutz von Lichtbildern (§ 72 UrhG) oder Datenbankherstellern (§§ 87a ff. UrhG). Von besonderer Bedeutung für die Musikbranche sind jedoch die Rechte zum Schutz der ausübenden Künstler, insbesondere der Tänzer, Dirigenten, Gesangs- und Instrumentalmusiker (§§ 73 - 83 UrhG) und der Schutz der Hersteller von Tonträgern, die Plattenfirmen oder produzierenden Verlage (§§ 85, 86 UrhG). Aber auch Sendeunternehmen (§ 87 UrhG) und Filmhersteller (§§ 88 - 94 UrhG) werden durch das Urheberrecht geschützt.[45]

2.4.1 Geschichtliche Entwicklung des deutschen Urheberrechts

Aufgrund neuer Medien und Technologien und den damit verbundenen neuen Nutzungsarten von Musik wird das Urheberrecht ständig modifiziert und aktualisiert, zuletzt im Dezember 2008. So blickt das deutsche Urheberrecht auf eine über ein Jahrhundert alte Existenz zurück, jedoch im europäischen Vergleich eine eher junge Geschichte. So werden in England bereits Anfang des 18. Jahrhunderts mit dem „Statute of Anne" dem Autor eines Werkes das gesetzliche Recht auf Anfertigung von Kopien, meist für einen festgelegten Zeitraum, zugesprochen.[46] Nach diesem britischen Vorbild entwickelten 1790 die noch jungen Vereinigten Staaten von Amerika eine sogenannte „Copyright-Klausel", welche Autoren für eine begrenzte Zeit das ausschließliche Recht an ihren Werken sicherte.[47]

---

45 Vgl. LYNG, R. (Verf.) (1993): ***Die Praxis im Musikbusiness*** (4. Auflage); München; S. 23 und Gabler Verlag (Hrsg.) (ohne Jahr): ***Gabler Wirtschaftslexikon, Stichwort: Leistungsschutzrechte***; Wiesbaden; [ONLINE] http://wirtschaftslexikon.gabler.de/Definition/leistungsschutzrechte.html [Stand: 31.07.2010]

46 Vgl. GEHRING, R. (Verf.) (2007): ***Geschichte des Urheberrechts***; Bundeszentrale für politische Bildung (Hrsg.); [ONLINE] http://www.bpb.de/themen/Z1SGXH,1,0,Geschichte_des_Urheberrechts.html [Stand: 31.07.2010]

47 Vgl. ebenda

>> *Wichtige Urheberschutzgesetze*

18. Jahrhundert

- 1710, England - Das Statute of Anne
- 1790, USA - Copyright Clause
- 1791 - 1793, Frankreich - Propriété littéraire et artistique

19. Jahrhundert

- 1810, Baden - Erstes Urheberrechts Gesetz nach französischem Vorbild
- 1837, Preußen - Gesetz zum Schutze des Eigenthums an Werken der Wissenschaft und Kunst in Nachdruck und Nachbildung
- 1870, Norddeutscher Bund - Gesetz betreffend das Urheberrecht an Schriftwerken, Abbildungen, musikalischen Kompositionen und dramatischen Werken
- 1871, Deutsches Kaiserreich - Gesetz betreffend das Urheberrecht an Werken der bildenden Künste
- 1887, acht europäische Staaten - Berner Übereinkunft

20. Jahrhundert

- 1901 - Gesetz betreffend das Urheberrecht an Werken der Literatur und der Tonkunst (LUG)
- 1903 - Gründung der Genossenschaft Deutscher Tonsetzer (GDT) und der Anstalt für Aufführungsrechte (AFMA)
- 1907 - Gesetz betreffend das Urheberrecht an Werken der bildenden Kunst und Photographie (KUG)
- 1908 - Revidierte Berner Übereinkunft
- 1915 - Gründung der Genossenschaft zur Verwertung musikalischer Aufführungsrechte (GEMA)
- 1952 - Welturheberrechtsabkommen
- 1966 - Gesetz für Urheberrecht und verwandte Schutzrechte (UrhG)

Abbildung 3 Wichtige Urheberschutzgesetze

Quelle: Eigene Darstellung nach GEHRING, R. (Verf.) (2007): ***Geschichte des Urheberrechts***; Bundeszentrale für politische Bildung (Hrsg.); [ONLINE] http://www.bpb.de/themen/Z1SGXH,1,0,Geschichte_des_Urheberrechts.html [Stand 31.07.2010]

Neben England und den Vereinigten Staaten ist es Frankreich, welches sich schnell in die Reihe der Nationen mit urheberrechtlichen Schutzgedanken einreiht. Gegen Ende des 18. Jahrhunderts verabschiedete das sich in der Revolution befindliche Frankreich den „droît d'auteur", ein Urheberrechtsgesetz, welches sich in einem bedeutenden Punkt von den bisherigen Ansätzen der Engländer bzw. Amerikaner unterscheidet. Neben den Rechten zur Verwertung ihrer Werke erhalten die Urheber eine Art Persönlichkeitsrecht, quasi ein Bindeglied zwischen Urheber und dessen Werken. So sollte sichergestellt werden, dass das Werk des Urhebers stets als Ausdruck seiner Person angesehen wird und der Urheber niemals vollständig von seinem erzeugten Werk getrennt werden kann. Dieser neuartige Gedanke der Verknüpfung von Urheber- und Persönlichkeitsrechten bestimmte und beeinflusste auf elementare Weise die weitere Entwicklung der Urheberrechtsgesetze.[48]

In den deutschen Ländern etablierten sich Anfang des 19. Jahrhunderts die ersten urheberrechtlichen Schutzgesetze. Durch die historischen Entwicklungen, wie die napoleonischen Feldzüge und Eroberungen, orientieren sich die Entwürfe der Deutschen Länder für ein Urheberschutzgesetz an dem französischen Modell. So war Baden das erste deutsche Land, welches 1810 ein Urheberrecht etablierte und dem Urheber den Schutz seiner Werke auf Lebenszeit garantiert. 1837 schließlich verabschiedet das Land Preußen das bis dato umfangreichste und modernste Urheberrechtsgesetz, das „Gesetz zum Schutze des Eigentums an Werken der Wissenschaft und Kunst in Nachdruck und Nachbildung". Parallel zu Preußen führt der Deutsche Bund eine 10-jährige Schutzfrist ab Erscheinen eines Werkes ein, welche 1845 auf 30 Jahre nach dem Tod des Urhebers („post mortem auctoris") verlängert wird. Auf Betreiben des Börsenvereins des Deutschen Buchhandels verabschiedet 1870 der Norddeutsche Bund das „Gesetz betreffend das Urheberrecht an Schriftwerken, Abbildungen, musikalischen Kompositionen und dramatischen Werken". Dieses Gesetz diente als Grundlage für das „Gesetz betreffend das Urheberrecht an Werken der bildenden Künste", welches 1871 kurz nach der Reichsgründung verabschiedet wird und schließlich im Juni 1901 durch das „Gesetz betreffend das Urheberrecht an Werken der Literatur und der Tonkunst (LUG)" ersetzt wird. Zusammen mit dem 1907 verabschiedeten „Gesetz betreffend das Urheberrecht an Werken der bildenden Kunst und Photographie (KUG)" bilden diese bis 1965 das deutsche Urhebergesetz.[49]

---

48 Vgl. GEHRING, R. (Verf.) (2007): ***Geschichte des Urheberrechts***; Bundeszentrale für politische Bildung (Hrsg.); [ONLINE] http://www.bpb.de/themen/Z1SGXH,1,0, Geschichte_des_Urheberrechts.html [Stand: 31.07.2010]

49 Vgl. JUNKER, M. (Verf.) (2002): ***Überblick über das Urheberrecht***; Europäische EDV-Akademie des Rechts (Hrsg.); [ONLINE] http://remus.jura.unisb.de /pages/hochschule/grundwissen/ueberblick.php [Stand: 31.07.2010] und GEHRING, R. (Verf.) (2007): ***Geschichte des Urheberrechts***; Bundeszentrale für politische Bildung (Hrsg.); [ONLINE] http://www.bpb.de/themen/Z1SGXH,1,0, Geschichte_des_Urheberrechts.html [Stand: 31.07.2010]

Auf internationaler Ebene wird erstmals 1887 ein multilaterales Abkommen zum Urheberrecht verabschiedet. Während bis zu diesem Zeitpunkt das Urheberrecht noch durch territoriale Grenzen beschränkt ist, wird mit der „Berner Übereinkunft" ein erstes Abkommen zum internationalen Urheberrechtsschutz beschlossen. Zu den acht ersten Unterzeichnerstaaten gehören u.a. Deutschland, Frankreich, Großbritannien, Spanien und die Schweiz.[50] Dabei verpflichteten sich die unterzeichnenden Staaten, die Urheberrechte der Autoren aus den teilnehmenden Staaten im jeweiligen Land zu schützen. Weitere Staaten schließen sich diesem internationalen Urheberrechtsschutzabkommen an.

Die Berner Übereinkunft wird den sich wandelnden Anforderungen angepasst und 1908 in Berlin in die „Revidierte Berner Übereinkunft (RBÜ)" umgetauft.[51] Ein weiterer wichtiger Schritt in der immer internationaler agierenden Musik- und Medienlandschaft war das Welturheberrechtsabkommen, welches 1952 in Genf verabschiedet wurde. Heute gehören fast alle Länder zu den Unterzeichnern der Revidierten Berner Übereinkunft, des Welturheberrechtsabkommens oder beider internationaler Vereinbarungen.

Technologische Entwicklungen, neue Medien und das Aufkommen von immer neuen Verwertungsmöglichkeiten für urheberrechtlich geschützte Werke charakterisieren die Anfänge des Urheberrechtsschutzes zu Beginn des 20. Jahrhunderts. Auch die große Zunahme von kreativer, urheberrechtlicher Arbeit sowie veränderten technischen und ökonomischen Bedingungen führten zu einer stetigen Modifizierung und Anpassung der gültigen Urheberrechtsschutz-Gesetze. So werden auch in der Bundesrepublik Deutschland die bis 1965 gültigen Urheberrechtsschutz-Gesetze

---

50 Vgl. WIPO - World Intellectual Property of Organization (Hrsg.) (ohne Jahr): ***Contracting Parties***; [ONLINE] http://www.wipo.int/treaties/en/ShowResults.jsp?lang=en&treaty_id=15 [Stand: 31.07.2010]

51 Vgl. GEHRING, R. (Verf.) (ohne Jahr): ***Eine kurze Geschichte des Urheberrechts***; Bundeszentrale für politische Bildung (Hrsg.); [ONLINE] http://www.bpb.de/themen/YQG3ET,0,0,Eine_kurze_Geschichte_des_Urheberrechts.html [Stand: 31.07.2010]

LUG und KUG[52] überarbeitet und in dem bis heute gültigen „Gesetz für Urheberrecht und verwandte Schutzrechte (Urheberrechtsgesetz – UrhG)" zusammengefasst.

2.4.2 Urheberrechtsschutz, Leistungsschutz und Urheberpersönlichkeitsrechte

Die Grundlage und der Gegenstand des Urheberrechts ist das Werk. Als Werk werden im Urheberrecht geistige Schöpfungen verstanden, welche in Form, Inhalt oder beidem ein neues und eigentümliches Werk darstellen, gleichgültig in welcher Beschaffenheit (Komposition, produziertes Lied, Partitur o.Ä.).[53] Der Schutz des Werkes beginnt unmittelbar mit der Schöpfung dessen – so spielt es keine Rolle, ob das geschaffene Werk in irgendeiner Form dargelegt, niedergeschrieben oder aufgenommen ist. Im Gegensatz z.B. zu Patenten oder Marken bedarf es im deutschen Urheberrecht keinerlei Anmeldung oder staatlicher Genehmigung, um einen Schutzstatus für ein Werk zu erlangen.

Doch nicht nur der Schöpfer und somit Urheber, z.B. der Komponist oder Autor eines Musikstückes, genießt einen gesetzlichen Schutz durch das deutsche Urhebergesetz. Auch verwandte Leistungen genießen einen Schutz im Urheberrecht. Diese sogenannten „verwandten Schutzrechte" haben keinen schöpferischen Werkscharakter, stehen aber als wirtschaftliche, künstlerische oder gewerbliche Leistungen in einem engen Zusammenhang zu den urheberrechtlich geschützten Werken. Aus diesem Grund werden sie als verwandte Leistungsschutzrechte anerkannt und geschützt.

Von besonderer Bedeutung für die Musikbranche sind dabei die Rechte zum Schutz der ausübenden Künstler, geregelt in den §§ 73 bis 83 UrHrsg. Darunter fallen zum Beispiel Tänzer, Dirigenten, Gesangs- und Instrumentalmusiker und sonstige ausübende Künstler. So darf z.B. die Leistung des

52 LUG – Gesetz betreffend das Urheberrecht an Werken der Literatur und der Tonkunst
KUG – Gesetz betreffend das Urheberrecht an Werken der bildenden Kunst und Photographie

53 LYNG, R. (Verf.) (1993): *Die Praxis im Musikbusiness* (4. Auflage); München; S. 24

ausübenden Künstlers nur mit seiner Einwilligung auf Bild- oder Tonträger aufgenommen, vervielfältigt, verbreitet oder gesendet werden. Neben den ausübenden Künstlern gelten auch die Tonträgerhersteller im UrhG als Inhaber von Leistungsschutzrechten, geregelt in den §§ 85 und 86 UrHrsg. So besitzt ausschließlich der Tonträgerhersteller das Recht zur Vervielfältigung und Verbreitung der von ihm hergestellten Tonträger. Auch regelt § 86 UrhG den gesetzlichen Vergütungsanspruch der Tonträgerhersteller bei öffentlicher Wiedergabe.

>> *Wichtige Verwertungsrechte des Urheberrechts*

Vervielfältigungsrecht

- **§ 16 UrhG** - Der Urheber hat das Recht, Vervielfältigungsstücke seines Werkes herzustellen.

Verbreitungsrecht

- **§ 17 UrhG** - Das Recht, das eigene Werk oder dessen Vervielfältigungsstücke der Öffentlichkeit anzubieten.

Vortrags-, Aufführungs- und Vorführungsrecht

- **§ 19 UrhG** - Das Recht, das eigene Werk durch Aufführung oder Vortrag der Öffentlichkeit darzustellen.

Senderecht

- **§ 20 UrhG** - Das Recht, das Werk durch Ton- oder Fernsehrundfunk oder ähnliche technische Mittel der Öffentlichkeit zur Verfügung zu stellen.

Recht der Wiedergabe durch Bild- und Tonträger

- **§ 21 UrhG** - Das Recht, Vorträge oder Aufführungen des Werkes mittels Bild- oder Tonträger öffentlich wahrnehmbar zu machen.

Recht der Wiedergabe in Funksendungen

- **§ 22 UrhG** - Das Recht, Funksendungen durch Bildschirm, Lautsprecher oder ähnliche technische Einrichtungen öffentlich wahrnehmbar zu machen.

Abbildung 4 Wichtige Verwertungsrechte des Urheberrechts

Quelle: Eigene Darstellung

Neben ausübendem Künstler und Tonträgerhersteller werden auch eine Reihe weiterer Leistungsschutzberechtigter durch das Urheberrecht geschützt. Zu nennen sind dabei z.B. die Sendeunternehmen (§ 87 UrhG) und Filmhersteller (§§ 88 - 94 UrhG), aber auch Veranstalter (§ 81 UrhG).

Grundsätzlich unterscheidet das Urhebergesetz zwischen materiellen und ideellen Interessen des Urhebers. Zu den materiellen Interessen gehören sämtliche verwertungsrechtliche Aspekte, welche das Urhebergesetz im Unterabschnitt 3 in den §§ 15 bis 24 regelt. An diesen Verwertungsrechten hat der Urheber das alleinige Recht, welche er auch nicht veräußern oder übertragen[54], jedoch vererben[55] bzw. Nutzungsrechte einräumen kann[56]. Die wichtigsten materiellen bzw. vermögensrechtlichen Rechte des Urhebers werden in Abbildung 4 *„Wichtige Verwertungsrechte im Urheberrecht"* dargestellt.

Neben diesen vermögensrechtlichen Interessen schützt das Urheberrecht auch die persönlichkeitsrechtlichen Interessen des Urhebers. Im Unterabschnitt 2 in den §§ 12 bis 14 beschreibt das Urheberrecht die Urheberpersönlichkeitsrechte. Diese beinhalten:

- § 12 UrhG – Das Recht des Urhebers, selbst zu bestimmen ob, wann und in welcher Form sein Werk der Öffentlichkeit zugänglich gemacht werden soll.
- § 13 UrhG – Der Urheber hat das Recht auf Anerkennung seiner Urheberschaft bzw. darauf, die Urheberbezeichnung selbst bestimmen zu können.
- § 14 UrhG – Der Urheber hat das Recht, nicht genehmigte Veränderungen, Entstellungen oder andere Beeinträchtigungen seines Werkes zu verhindern, die seine geistigen oder persönlichen Interessen am Werk gefährden.

2.4.3 Verwertungsgesellschaften in der Musikwirtschaft

Mit der Entstehung und der immer stärker werdenden Ausbildung von Urheberrechtsgesetzen etablierten sich gesetzliche Grundlagen, die es dem Komponisten oder Autor ermöglichten, in eigener Person oder in Vertre-

---

[54] ***§29 Rechtsgeschäfte über das Urheberrecht*** in Gesetz über Urheberrecht und verwandte Schutzrechte – Urheberrechtsgesetz (UrhG); 2008

[55] ***§28 Vererbung des Urheberrechts*** in Gesetz über Urheberrecht und verwandte Schutzrechte – Urheberrechtsgesetz (UrhG); 2008

[56] ***§§31ff Einräumung von Nutzungsrechten*** in Gesetz über Urheberrecht und verwandte Schutzrechte – Urheberrechtsgesetz (UrhG); 2008

tung, z.B. durch Musikverlage, bestimmte Rechte an seinen Werken wahrzunehmen. Bis gegen Ende des 19. Jahrhunderts war dies traditionell das Vervielfältigungs- und Verbreitungsrecht, d.h. der Autor oder Komponist konnte selbst entscheiden, welches seiner Werke vervielfältigt bzw. verbreitet werden durfte. Durch die Etablierung von immer konkreteren Urheberrechtsgesetzen ergaben sich im Laufe der Zeit auch weitere Nutzungsarten, über welche der Schöpfer eines Werkes entscheiden konnte. Im Besonderen führte das Recht zur öffentlichen Aufführung zu einer bedeutenden Änderung. Während das Wahrnehmen seiner Vervielfältigungs- und Verbreitungsrechte für den Autor und Komponisten noch relativ einfach war – meist hatte er nur einen Verlag als Vertragspartner, der den Druck und die entsprechende Verbreitung und Distribution des Werkes übernahm – gestaltete es sich bei der öffentlichen Aufführung anders. Hunderte und Tausende Künstler, Musiker, Orchester und Kapellen bilden eine für den Urheber de facto unüberschaubare Anzahl an potentiellen Vertragspartnern. Für den Komponisten war es faktisch nicht möglich, sämtliche Aufführungen zu überwachen und zu kontrollieren, ob sein Werk gespielt wurde. Und auch für den Veranstalter einer öffentlichen Aufführung war es nicht zumutbar, für jegliches Stück, welches im Laufe der Veranstaltung aufgeführt werden sollte, den jeweiligen Rechteinhaber zu ermitteln, um eine Nutzungserlaubnis für die öffentliche Aufführung zu erwerben.

Schon an dieser Stelle wurde der Bedarf an einer zentralen Institution deutlich, welche kollektiv die Interessen der Rechteinhaber wahrnehmen, als auch notwendige Nutzungserlaubnisse aussprechen konnte. Komponisten und Urheber bringen ihre jeweiligen Rechte zur gemeinsamen Verwertung in diese Verwertungsgesellschaft ein, welche wiederum ihrerseits Nutzungserlaubnisse für die von ihr verwalteten Werke an Veranstalter von z.B. öffentlichen Aufführungen erteilt. Neben der Vergabe von Aufführungserlaubnissen sollte diese Verwertungsgesellschaft die Landschaft der öffentlichen Aufführungen überwachen sowie das Inkasso für die vereinbarten und festgeschriebenen Vergütungsansprüche übernehmen.

Der Nutzen einer solchen Verwertungsgesellschaft wird sowohl für Rechteinhaber als auch für Nutzer deutlich. Für den Komponisten ist es das einzig wirksame Instrument, um die große und unübersichtliche Landschaft der öffentlichen Aufführungen kontrollieren und entsprechend finanziell partizipieren zu können. Der Werknutzer seinerseits erhält auf schnellem und unbürokratischem Weg sämtliche notwendigen Nutzungserlaubnisse bei lediglich einem Ansprechpartner. Durch den technologischen Fortschritt und neue Medien erhöhten sich damit auch die Nutzungsmöglichkeiten für Kompositionen und Musik. Durch Medien wie Radio, Hörfunk, Fernsehen und Internet entstanden eine Vielzahl weiterer Nutzungsarten und damit einhergehend neue Rechte für den Urheber neben dem Vervielfältigungs- und Verbreitungsrecht und dem öffentlichen Aufführungsrecht. Aus diesem Umstand heraus bildeten sich nicht nur Verwertungsgesellschaften, auch das Urheberrecht erfuhr eine stetige Überarbeitung und Anpassung.

Als erste Verwertungsgesellschaft für musikalische Werke im heutigen Sinne gilt die „Société des Auteurs et Compositeurs et Editeurs de Musique" (SACEM), welche am 28. Februar 1851 in Paris gegründet wurde.[57] Der Gründung der SACEM geht ein gerichtliches Urteil des Cour d´Appel de Paris im Jahre 1849 voraus. In diesem wurde ein Pariser Konzert-Café-Betreiber zu Schadensersatzzahlung verurteilt. Vor Gericht klagte der französische Komponist Ernest Bourget gegen den Wirt eines Pariser Konzert-Cafés. Bourget galt zu dieser Zeit als bekannter und beliebter Komponist von Chansons. 1847 besuchte er jenes Pariser Konzert-Café, in welchem das spielende Orchester auch einige seiner Werke spielte. Daraufhin verweigerte Bourget die Zahlung seiner Rechnung mit der Begründung, dass das im Café spielende Orchester wiederholt seine Werke gespielt habe, ohne seine Genehmigung bzw. ohne Bourget zu vergüten. Der Streit zwischen Wirt und Komponist wird noch im selben Jahr vom Tribunal de Commerce de la Seine geklärt und dem Konzert-Café-Betreiber verboten, Stücke von Bourget ohne dessen Genehmigung spielen zu lassen. Damit wird zum ersten Mal das im französischen Gesetz verankerte ausschließliche Recht des Urhebers, über öffentliche Aufführungen bestimmen zu

[57] Vgl. BECKER, J., KREILE, R. (Verf.) (ohne Jahr): ***Verwertungsgesellschaften*** in Moser, P., Scheuermann, A. (Hrsg.) (2003): *Handbuch der Musikwirtschaft - Der Musikmarkt* (6. Auflage); Starnberg; S. 594

können, in einem Gerichtsurteil bestätigt.[58] Vor diesem Hintergrund gründen die Komponisten Bourget, Parizot und Henrion mit dem Verleger Columbier die „Agence Centrale" einem Vorläufer der SACEM.[59]

2.4.3.1 Geschichtliche Entwicklung der GEMA

Im Jahr 1901 wird durch das neuerlassene „Gesetz betreffend das Urheberrecht an Werken der Literatur und der Tonkunst" Klarheit in Sachen Urheberrecht geschaffen und die gesetzlichen Rechte der Urheber festgelegt. So darf nach dem neuen deutschen Urheberrecht kein Werk mehr ohne die Genehmigung des Urhebers vervielfältigt, verbreitet oder aufgeführt werden.[60] Aus diesem Anlass gründet im Juli 1903 die Genossenschaft Deutscher Tonsetzer (GDT) unter Beteiligung einiger führender Verleger, sowie durch maßgebliche Unterstützung des GDT-Vorsitzenden Richard Strauss, die „Anstalt für musikalische Aufführungsrechte" (AFMA).[61]

Die AFMA soll als zentrale Stelle zwischen Urhebern und weiteren Inhabern von Aufführungsrechten und sämtlichen Veranstaltern öffentlicher Aufführungen fungieren. Die Grundsätze, denen sich die AFMA verschreibt, finden sich auch in der Philosophie und den grundlegenden Prinzipien der heutigen GEMA wieder.

> *„Die Anstalt verfolgt keinerlei privatwirtschaftliche Zwecke. Sie ist nur eine Vermittlungsstelle. […] Ein Geschäftsgewinn ist für sie ausgeschlossen. Von den eingegangenen Gebühren werden die Verwaltungskosten abgezogen, ferner ein Betrag von 10 % für die Unterstützungskasse der Genossenschaft. Sämtliche übrigen Einnahmen werden bis auf*

---

58 Vgl. BECKER, J., KREILE, R. (Verf.) (ohne Jahr): ***Verwertungsgesellschaften*** in Moser, P., Scheuermann, A. (Hrsg.) (2003): *Handbuch der Musikwirtschaft - Der Musikmarkt* (6. Auflage); Starnberg; S. 595

59 MELICHAR, F. (Verf.) (1983): ***Die Wahrnehmung von Urheberrechten durch Verwertungsgesellschaften***; München; S. 1

60 Vgl. ***§ 11 Befugnisse des Urhebers*** in Gesetz betreffend das Urheberrecht an Werken der Literatur und der Tonkunst; 1901

61 Vgl. BAIERLE, C. (Verf.) (2009): ***Der Musikverlag***; München; S. 349

> *den letzten Pfennig an die bezugsberechtigten Tonsetzer, Textdichter und Verleger verteilt."*[62]

Da die AFMA lediglich für die Aufführungsrechte zuständig war, sich aber Anfang des 20. Jahrhunderts die Schallplatte als Musikmedium zu etablieren begann, gründete sich 1909 die „Anstalt für mechanisch-musikalische Rechte GmbH" (AMMRE). Als eigenständige Verwertungsgesellschaft für das mechanische Vervielfältigungsrecht agiert sie neben der AFMA. Nachdem sich 1915 eine Gruppe von Berechtigten von der GDT abspaltet, gründen sie die alte GEMA – die Genossenschaft zur Verwertung musikalischer Aufführungsrechte (nicht identisch mit der heutigen GEMA).[63] Im Folgejahr 1916 vereinigt sich schließlich die alte GEMA mit der AKM (Österreichische Gesellschaft der Autoren, Komponisten und Musikverleger) zum „Verband zum Schutze musikalischer Aufführungsrechte für Deutschland" (Musikschutzverband). Für die Veranstalter öffentlicher Aufführungen bestand nun jedoch die Problematik, herauszufinden, welche Verwertungsgesellschaft die benötigten Rechte besaß. Aus dieser Erkenntnis, dass parallel existierende und konkurrierende Verwertungsgesellschaften weder dem Urheber noch dem Musikverwerter von großem Nutzen waren, verbanden sich die beiden Verwertungsgesellschaften der GDT und des Musikschutzverbands unter Beibehaltung des Namens „Verband zum Schutze musikalischer Aufführungsrechte für Deutschland". Die AMMRE als Gesellschaft für die mechanischen Vervielfältigungsrechte bestand weiterhin parallel und wurde erst im Jahr 1938 in die im Jahr 1933 gegründete „Staatlich genehmigte Gesellschaft zur Verwertung musikalischer Urheberrechte" (STAGMA) eingegliedert.[64]

Die STAGMA wurde aufgrund eines Gesetzes vom 4. Juli 1933 aus der GDT und der alten GEMA gegründet. Hintergrund war die neue gesetzli-

---

62 Genossenschaft Deutscher Tonsetzer (Hrsg.) (1904): ***Die Anstalt für musikalisches Aufführungsrecht - Denkschrift der Genossenschaft Deutscher Tonsetzer***; Berlin: S. 46

63 Vgl. BECKER, J., KREILE, R. (Verf.) (ohne Jahr): ***Verwertungsgesellschaften*** in Moser, P., Scheuermann, A. (Hrsg.) (2003): *Handbuch der Musikwirtschaft - Der Musikmarkt* (6. Auflage); Starnberg; S. 596

64 Vgl. ebenda

che Genehmigungspflicht von Verwertungsgesellschaften, um eine Monopolstellung und die Kontrolle durch das NS-Regime gewährleisten zu können. Nach dem Krieg wurde die STAGMA durch den alliierten Kontrollratsbeschluss in „Gesellschaft für musikalische Aufführungs- und mechanische Vervielfältigungsrechte e.V. (GEMA)“ umbenannt.[65] Damit bildet die heutige GEMA die direkte Nachfolgeorganisation der STAGMA und erst mit dem Inkrafttreten des Urheberrechtswahrnehmungsgesetzes von 1965 wurde die STAGMA-Gesetzgebung aufgehoben.

2.4.3.2 Die Aufgaben der GEMA

Die heutige GEMA, Gesellschaft für musikalische Aufführungs- und Vervielfältigungsrechte, ist eine Verwertungsgesellschaft nach dem deutschen Urheberrechtswahrnehmungsgesetz von 1965. In Form eines wirtschaftlichen Vereins kraft staatlicher Verleihung, der nicht auf Gewinnerzielung ausgerichtet ist, unterliegt sie nach §§ 18ff. UrhWG der Aufsicht des Deutschen Patent- und Markenamts und soll dafür Sorge tragen, dass Urheber und Verleger in finanzieller Hinsicht an der Nutzung ihrer Werke partizipieren. Hat ein Urheber oder Verlag durch Abschluss eines Berechtigungsvertrags seine Nutzungsrechte, Einwilligungsrechte und gesetzlichen Vergütungsansprüche an die GEMA übertragen, ist die Wahrnehmung dieser Rechte gegenüber den Nutzern eine der Hauptaufgaben der Verwertungsgesellschaft. Die GEMA verwaltet dabei treuhänderisch die ihr übertragenen Rechte, vergibt Nutzungsbefugnisse für musikalische Werke und fungiert gleichzeitig als Inkasso-Unternehmen für die dadurch anfallenden Entgelte. Gleichzeitig hat die GEMA eine überprüfende und überwachende Funktion. Dabei kontrolliert sie, wo urheberrechtlich geschützte Werke vervielfältigt, aufgeführt, gesendet oder wiedergegeben werden und macht ggf. einen Vergütungsanspruch der Urheber geltend. Für die Nutzer und Verwerter von musikalischen Werken muss die GEMA nach § 11 Abs. 1 UrhWG Nutzungsrechte jedermann auf Verlangen zu angemessenen Bedingungen zur Verfügung stellen. Die dabei erzielten Tantiemen schüttet die GEMA abzüglich ihrer Verwaltungsaufwendun-

[65] Vgl. BAIERLE, C. (Verf.) (2009): ***Der Musikverlag***; München; S. 350

gen[66] komplett an die angeschlossenen Mitglieder aus. Die Verteilung der eingenommenen Tantiemen erfolgt nach einem komplexen Verteilungsplan, welcher eine Vielzahl an Faktoren beinhaltet. Dabei spielt nicht nur die bereits in Kapitel 2.3 angesprochene Unterteilung in E- und U-Musik eine Rolle, auch Faktoren wie die tatsächliche Nutzung eines Werkes in einem Geschäftsjahr, das Durchschnittsaufkommen der letzten drei Jahre oder die Dauer der Mitgliedschaft werden bei der Verteilung anhand eines Verteilungsplans unter den Mitgliedern aufgeteilt.[67]

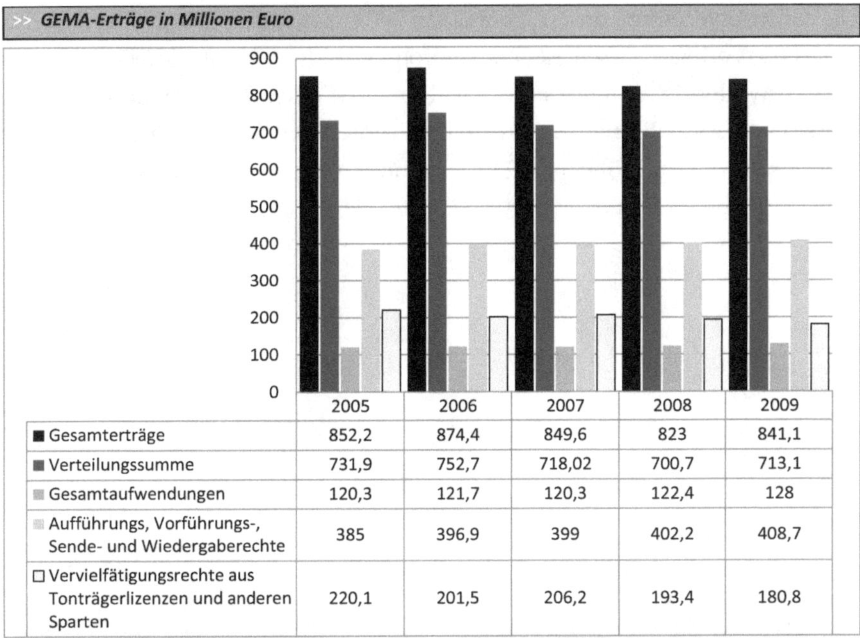

	2005	2006	2007	2008	2009
■ Gesamterträge	852,2	874,4	849,6	823	841,1
■ Verteilungssumme	731,9	752,7	718,02	700,7	713,1
■ Gesamtaufwendungen	120,3	121,7	120,3	122,4	128
■ Aufführungs, Vorführungs-, Sende- und Wiedergaberechte	385	396,9	399	402,2	408,7
□ Vervielfätigungsrechte aus Tonträgerlizenzen und anderen Sparten	220,1	201,5	206,2	193,4	180,8

Abbildung 5 GEMA-Erträge in Millionen Euro

Hinweis: GEMA-Erträge Gesamt und nach Rechten, Gesamtaufwendungen und Verteilungssummen 2004 bis 2008

Quelle: Eigene Darstellung nach GEMA (Hrsg.) (2010): ***Geschäftsbericht 2009***; [ONLINE] http://www.gema.de/fileadmin/inhaltsdateien/urheber/geschaeftsbericht/GB_2009.pdf [Stand 31.07.2010] und ***GEMA-Jahrbuch 2009/2010***; Baden Baden, Nomos Verlagsgesellschaft mbH & Co KG

---

66 Im Geschäftsjahr 2009 betrug der Kostensatz 15,2 %. Vgl. GEMA (Hrsg.) (2010): ***Geschäftsbericht 2009***; [ONLINE] http://www.gema.de/fileadmin/inhaltsdateien/urheber/geschaeftsbericht/GB_2009.pdf [Stand: 31.07.2010]

67 Vgl. BAIERLE, C. (Verf.) (2009): ***Der Musikverlag***; München; S. 351

Aufgrund der umfangreichen Details, der vielfältigen Einflussfaktoren und der durchaus umstrittenen und in der Öffentlichkeit als auch in der Musikbranche vielfach diskutierten Wertungs- und Punkteverteilung ist die Verteilungspraxis der GEMA ein sehr komplexes Thema, welches, um es fair diskutieren zu können, nur in seiner Gänze und unter Berücksichtigung sämtlicher Faktoren erfolgen sollte. Aus diesem Grund möchte ich im Verlauf dieser Arbeit nicht näher auf die Verteilungspraktiken der GEMA eingehen.

Die GEMA vereinigt im Geschäftsjahr 2009 fast 64.500 Mitglieder, davon ca. 5.000 Verleger, 3.700 Rechtsnachfolger und mehr als 55.500 Urheber und verwaltet dabei mehr als 8,5 Millionen Werke. Bei Aufwendungen in Höhe von 128 Millionen Euro erreichte die GEMA im Jahr 2009 eine Verteilungssumme in Höhe von 713,1 Millionen Euro, was einen Kostensatz von 15,2 % bei 14,9 % im Vorjahr bedeutet.[68]

---

68 Vgl. GEMA (Hrsg.) (2010): ***Geschäftsbericht 2009***; [ONLINE] http://www.gema.de/fileadmin/inhaltsdateien/urheber/geschaeftsbericht/GB_2009.pdf [Stand: 31.07.2010]

3 Der Musikverlag heute – Das moderne Verlagswesen

Als einer von vielen bewegt sich der Musikverlag neben zahlreichen weiteren Marktteilnehmern wie den Plattenfirmen, Verwertungsgesellschaften, Künstlern und Komponisten, Fernseh- und Rundfunkstationen im großen Geflecht und Umfeld der Musikindustrie. Dabei sind die einzelnen Marktteilnehmer durch teilweise komplexe und verworrene Beziehungen untereinander verknüpft. Geldflüsse und Vertragsbeziehungen unterschiedlichster Art prägen die Vielschichtigkeit und Mehrdimensionalität des Musikbusiness.

Aufgrund dieser Komplexität soll die Marktstellung der Musikverlage im folgenden Kapitel erläutert und dargestellt werden. Es soll aufgezeigt werden, welche Rolle der Musikverlag im komplexen Geflecht der Musikindustrie innehat und mit welchen Marktteilnehmern die Musikverlage welche Arten von Vertragsbeziehungen verbinden. Welche Stakeholder vereint der Musikverlag und wie unterscheiden sich die verschiedenen Vertragsarten in Hinblick auf die Faktoren Vertragspartner, -dauer, -gegenstand. Auch soll ein kurzer Blick auf die Wertschöpfungskette der Musikverlage erfolgen. Inwiefern lässt sich das klassische Wertschöpfungsmodell nach Porter auf die Musikindustrie bzw. den Musikverlag im Speziellen übertragen?

Im weiteren Verlauf dieses Kapitels werden die Aufgaben und Handlungsfelder des modernen Musikverlags aufgezeigt. Nachdem in Kapitel 2 die geschichtliche Entwicklung dargestellt und die damit einhergehenden Veränderungen und Tendenzen der Tätigkeitsbereiche der Musikverlage beschrieben wurden, soll nun der Fokus auf den aktuellen Handlungsfeldern und Geschäftsbereichen liegen. Auch ein kurzer Überblick über die großen Musikverlagshäuser in Deutschland soll am Ende dieses Abschnittes erfolgen.

3.1 Der Musikverlag im Geflecht der Musikindustrie

Als einer der wichtigsten Marktteilnehmer bewegt sich der Musikverlag im Geflecht der Musikindustrie. Die Beziehungen, die zwischen den Marktteilnehmern herrschen, scheinen oftmals verwirrend und kompliziert. Abbildung 6 *„Das komplexe Geflecht des Musikbusiness“* soll dabei helfen, ein vereinfachtes Modell jenes komplexen Beziehungsgeflechts in der Musikindustrie aufzuzeigen.

>> *Das komplexe Geflecht des Musikbusiness*

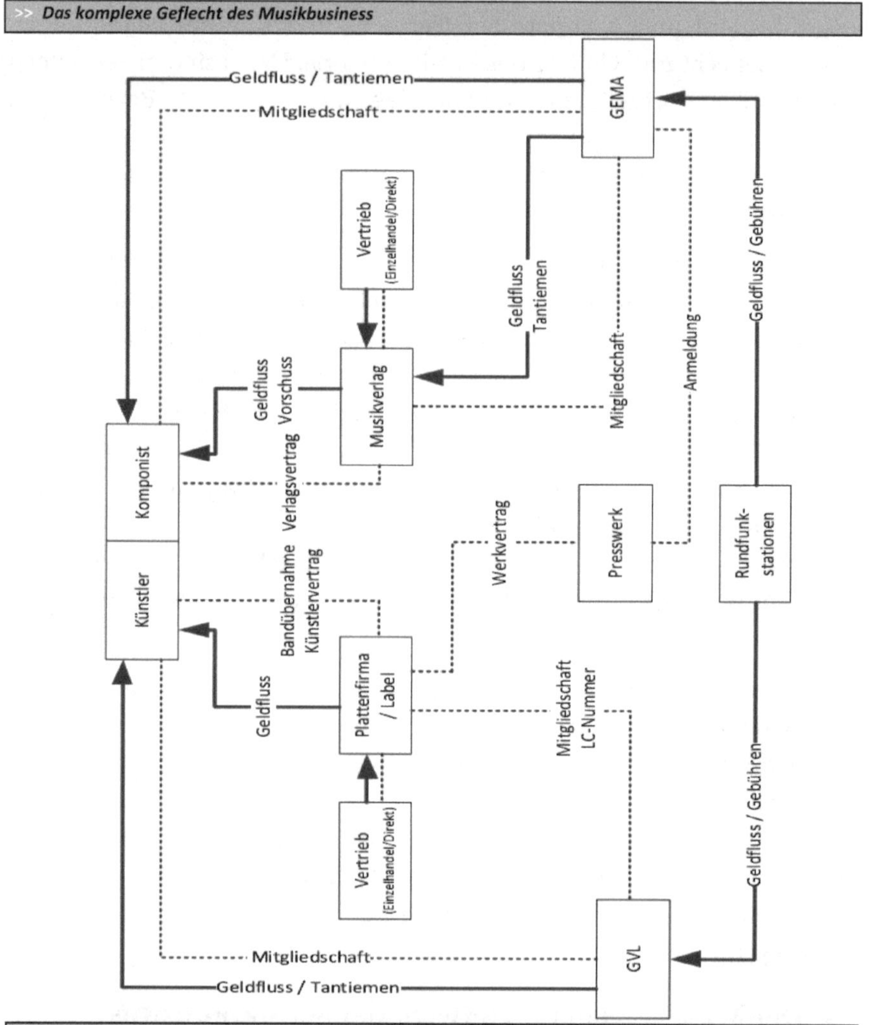

Abbildung 6 Das komplexe Geflecht des Musikbusiness

Quelle: Eigene Darstellung nach BERNDORFF, B., BERNDORFF, G., EIGLER, K. (Verf.) (2002): ***Musikrecht. Die häufigsten Fragen des Musikgeschäfts - Die Antworten*** (3. Auflage); Bergkirchen, PPV Presse Project Verlags GmbH; S. 11

Aufgrund der Komplexität kann nicht jeder Marktteilnehmer abgebildet und dargestellt werden. Auch kann diese Abbildung lediglich als Modell dienen. Durch spezielle Unternehmungen wie z.B. der produzierenden Verlage oder konzernabhängigen Musikverlagshäusern ergeben sich andere, neue Beziehungsmuster und Vertragsbindungen. Im weiteren Verlauf dieses Kapitels, speziell in Kapitel 3.1.2 „*Wichtige Vertragsarten im Musikverlagswesen*" und Kapitel 3.2 „*Aufgaben und Handlungsfelder des modernen Musikverlags*" werden die Vertragsbindungen, Beziehungen und Strukturen näher erläutert.

3.1.1 Die Stakeholder des Musikverlags

Um das direkte Umfeld des Musikverlags besser verstehen zu können, empfiehlt es sich, eine Stakeholderanalyse durchzuführen. Unter Stakeholder versteht man die internen wie auch externen Interessensvertreter, die in unterschiedlichster Art und Weise von einer Unternehmung, einem Projekt oder Prozess direkt oder indirekt betroffen sind oder Interessensansprüche haben.[69] So zählt man unter anderen den Eigentümer (Kapitaleigentümer oder Unternehmenseigentümer zu den internen Stakeholdern. Auch Mitarbeiter und Angestellte zählen zu dieser Gruppe. Oft genannte Beispiele für die Gruppe der externen Stakeholder sind u.a. Fremdkapitalgeber, Konkurrenten oder Kunden.

Aufgrund unterschiedlicher Projektorganisation, Unternehmungsstruktur oder Tätigkeitsbereiche können sich auch die jeweiligen Stakeholder stark unterscheiden. Die Stakeholderanalyse für den konzernabhängigen Groß-Musikverlag mit einer Vielzahl zu vertretender Komponisten produziert ein anderes Ergebnis, als es eine Analyse für den kleinen „Ein-Mann"-Musikverlag ergibt. Da neben den betrieblichen auch soziale, geographische und zeitliche Aspekte eine Rolle in der Stakeholderanalyse spielen, kann es kein universelles und allgemeingültiges Muster für sämtliche Musikverlage geben. Daher muss für jede Unternehmung oder jedes Projekt eine eigenständige Analyse der Interessensvertreter erfolgen. Zu beachten

[69] Vgl. Gabler Verlag (Hrsg.) (ohne Jahr): ***Gabler Wirtschaftslexikon, Stichwort: Anspruchsgruppen***; Wiesbaden; [ONLINE] http://wirtschaftslexikon.gabler.de/Archiv/1202/anspruchsgruppen-v5.html [Stand: 31.07.2010]

gilt ebenfalls, dass vereinzelte Interessensvertreter auch untereinander und gegenseitig als Stakeholder fungieren.

Abbildung 7 *„Stakeholder des Musikverlags"* stellt eine allgemeine Übersicht über die jeweiligen Interessensvertreter (intern und extern) eines modernen Musikverlags dar. In den folgenden Abschnitten werden vereinzelte, wichtige Vertragsbeziehungen zwischen Musikverlag und einzelnen Interessensvertretern anhand der unterschiedlichen Vertragsarten näher betrachtet.

>> *Die Stakeholder des Musikverlags*

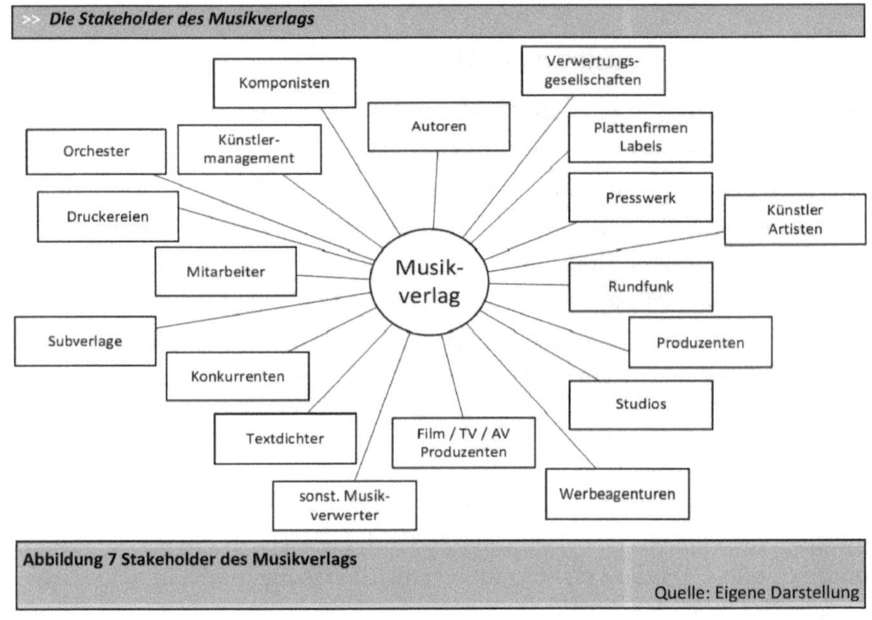

Abbildung 7 Stakeholder des Musikverlags

Quelle: Eigene Darstellung

3.1.2 Wichtige Vertragsarten im Musikverlagswesen

Im folgenden Abschnitt werden einige wichtige Beziehungen zwischen dem Musikverlag und diversen Vertragspartnern sowie die jeweiligen vertraglichen Besonderheiten kurz dargestellt und anhand einfacher Beispiele erläutert. Dabei beziehen sich die Kapitel 3.1.2.1 *„Musikverlagsvertrag"* bis Kapitel 3.1.2.6 *„Subverlagsvertrag"* auf die traditionellen Vertragsarten des Musikverlags. Die Kapitel 3.1.2.7 *„Künstlervertrag"* und 3.1.2.8 *„Bandübernahmevertrag"*, beides klassische Vertragsarten des Tonträgerherstellers/Plattenlabels, betreffen jedoch die produzierenden Musikverlage (meist aus dem Bereich der U-Musik) und sollen aus diesem Grund kurz erläutert werden. Im Anhang dieser Arbeit findet sich zum besseren Verständnis das Muster eines Musikverlagsvertrags sowie Hinweise zu Mustern weiterer Vertragsarten.

>> *Bindung der Beteiligten an einen Musikverlag*

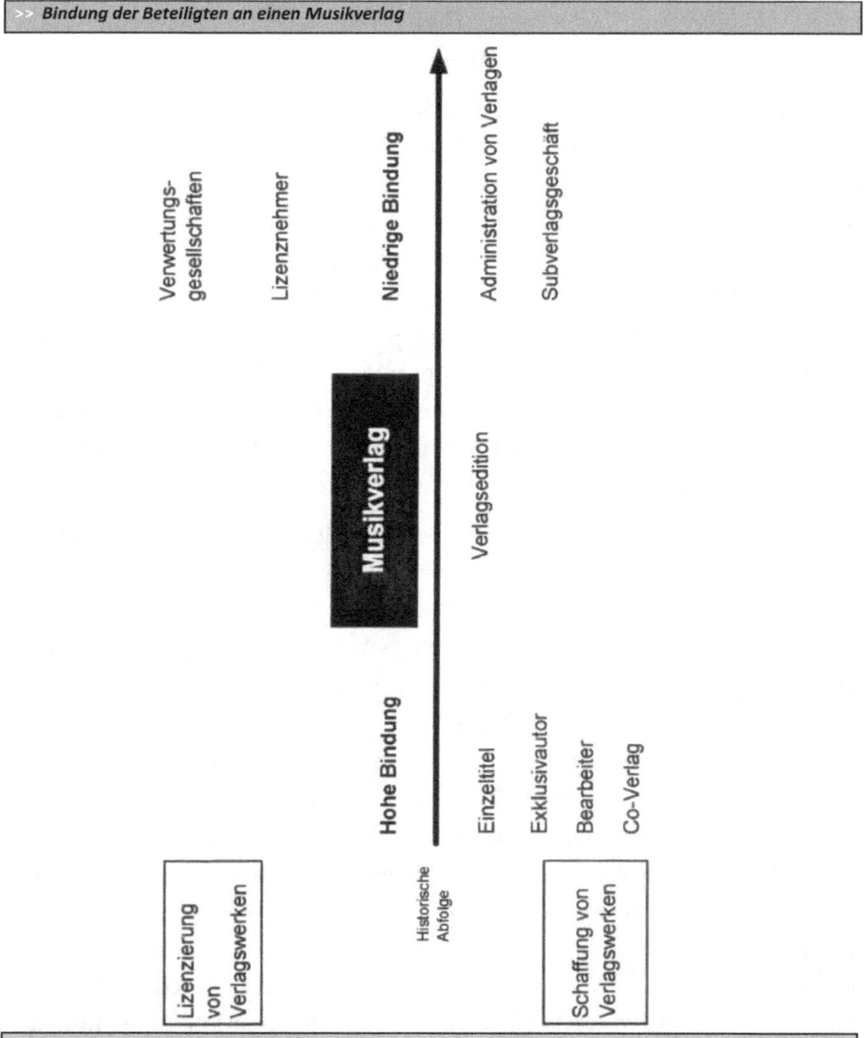

Abbildung 8 Bindung der Beteiligten an einen Musikverlag

Hinweis: Das Schaubild stellt die Bindungsstärke der jeweiligen Beteiligten des Musikverlags dar.

Quelle: BAIERLE, C. (Verf.) (2009): ***Der Musikverlag***; München, Musikmarkt GmbH & CO. KG; S. 367

3.1.2.1 Musikverlagsvertrag

Der Musikverlagsvertrag kann als Basis aller Verträge für das Geschäftsverhältnis zwischen Musikverleger und Urheber angesehen werden. Im Grundfall existiert der Musikverlagsvertrag, als „Einzelwerk-Musikverlagsvertrag" oder auch „Titelvertrag" genannt. Das bedeutet den Abschluss eines Vertrages über ein einzelnes Musikwerk.

Vertragspartner bei einem Einzelwerk-Musikverlagsvertrag sind der Verleger (der Musikverlag) auf der einen und der Verfasser (Urheber) auf der anderen Seite. Das Verlagsgesetz bezeichnet den Verleger als Verlagsnehmer, d.h. als denjenigen, der ein Werk zur Vervielfältigung und Verbreitung auf eigene Rechnung und eigenes Risiko zur Verlegung übernimmt. Dabei bedarf es keiner gewerbemäßigen Unternehmung oder der dauerhaften Absicht auf Gewinnerzielung – besonders Kleinstmusikverlage zeichnen sich oft durch Mäzenatentum oder Liebhaberei aus.[70] Als Verlaggeber, also derjenige, der ein Werk in Verlegung gibt, wird der Verfasser, Schöpfer eines Werkes oder Urheber genannt. Zu beachten gilt, dass auch Rechtsnachfolger (z.B. Erben) als Verfasser auftreten können.

Vertragsgegenstand eines solchen Titelvertrags ist das vom Urheber geschaffene Werk (der Musikverlagsvertrag ist natürlich nicht auf ein einzelnes Werk beschränkt, sondern kann durchaus eine Mehrzahl an Werken beinhalten). Der Urheber sichert dabei dem Verlag vertraglich zu, bei der Schöpfung seines Werkes/seiner Werke keine Rechte Dritter verletzt zu haben (z.B. Samples, ungenehmigte Bearbeitung u.a.) sowie die im Musikverlagsvertrag genannten Rechte bisher noch keinem anderen übertragen zu haben. Der Musikverleger ist dabei verpflichtet, sich für das Werk in handelsüblicher Weise einzusetzen. Im Einzelnen kann dies bedeuten: das Werk der Öffentlichkeit zugänglich zu machen, das Werk zu veröffentlichen, bei Musikverwertern anzubieten und durch Werbemaßnahmen zu fördern, die öffentliche Aufführung des Werks anzuregen sowie die Verwertung in Film und Werbung, als auch im Ausland zu stützen. Musikverlage der E-Musik, bzw. Verlage die auf die Notenpublikation und den Notenvertrieb spezialisiert sind, besitzen dabei üblicherweise die Ver-

---

[70] Vgl. BAIERLE, C. (Verf.) (2009): ***Der Musikverlag***; München; S. 238

pflichtung, das Notenwerk zu vervielfältigen und zu vertreiben. Jedoch liegt, wie bereits in der Geschichte des Musikverlagswesens beschrieben, bei der Mehrheit der Musikverlage der wirtschaftliche Schwerpunkt nicht mehr auf dem Vertrieb von gedruckten Noten, sondern auf der Einräumung von Verwertungs- und Nutzungsrechten, wie dem Aufführungsrecht oder diversen Senderechten. Aus diesem Grund lässt sich der Musikverleger oftmals von der Verpflichtung, das Werk zu vervielfältigen und zu verbreiten, durch eine Notendruckverzichtserklärung befreien.

Da das deutsche Urheberrecht keine Übertragung von Urheberrechten vorsieht[71], werden in einem Titel- oder Einzelwerk-Musikverlagsvertrag lediglich die wirtschaftlichen Verwertungs- und Nutzungsrechte übertragen.[72] Dabei sind Umfang der Übertragung, also der zeitliche, räumliche und inhaltliche Rahmen, Gegenstand des Musikverlagsvertrags. Den wirtschaftlichen Interessen des Verlegers, möglichst sämtliche Nutzungs- und Verwertungsrechte zur zeitlichen, räumlichen und inhaltlichen unbegrenzten Auswertung übertragen zu bekommen, stehen oftmals die Interessen des Urhebers gegenüber, die Rechte nur in einem nach seiner Auffassung sinnvollen Umfang zu übertragen.[73] Bei der Übertragung der Verwertungs- und Nutzungsrechte an den Verlag haben Autor und Verleger die Möglichkeit, bestimmte Verwertungsformen oder Rechte auszuschließen. Ein Beispiel für eine solche Ausnahme im Musikverlagsvertrag ist das Verwertungsrecht in Zusammenhang mit Werbung oder der Filmherstellung.[74] Auch das Recht auf Bearbeitung des Werkes wird oftmals aus dem Musikverlagsvertrag ausgenommen, bzw. bedarf besonderer Regelung oder Zustimmung des Autors. Eine genauere Betrachtung der jeweiligen Nutzungs- und Verwertungsrechte findet sich in Kapitel 3.2.2 *„Verwaltung und Vergabe von Nutzungs- und Verwertungsrechten“*.

---

71 Der Fall des Rechtsnachfolgers z.B. nach dem Tode des Urhebers ausgenommen.

72 Im Gegensatz zum deutschen Urheberrecht ist im angelsächsischen Rechtsverständnis ist die Übertragung von Urheberrechten durchaus möglich.

73 Vgl. LICHTE, W. (Verf.) (ohne Jahr): ***Musikverlagsverträge*** in Moser, P., Scheuermann, A. (Hrsg.) (2003): *Handbuch der Musikwirtschaft - Der Musikmarkt* (6. Auflage); Starnberg; S. 1068

74 Vgl. ebenda; S. 1070

Gesetzt den Fall, dass sowohl Verleger als auch Komponist Mitglied der GEMA sind, werden üblicherweise die in §§ 16 bis 22 UrhG genannten Verwertungsrechte zur kollektiven Wahrnehmung durch die Verwertungsgesellschaft (in diesem Falle der GEMA) übertragen. Traditionell wird das mechanische Recht wie das Aufführungsrecht durch die GEMA treuhänderisch wahrgenommen. Im Musikverlagsvertrag sind diese Rechte dennoch auch aufgeführt und werden vom Urheber an den Verleger zur gemeinsamen Einbringung in die Verwertungsgesellschaft übertragen. Basis der übertragenen Rechte an die GEMA ist der Berechtigungsvertrag. Zu beachten ist aber, dass es durchaus möglich ist, einzelne Nutzungsrechte von der Verwertungsgesellschaft zurückzuziehen. Das bedeutet, dass z.B. das Aufführungsrecht von der kollektiven Verwertung durch die GEMA ausgeschlossen und eigenständig durch den Verlag wahrgenommen werden kann. Jedoch besitzt der Musikverleger in allen Fällen eine Auskunfts-, Abrechnungs- und Abrechnungskontrollpflicht gegenüber dem Verfasser. Der Verleger ist verpflichtet, seine Einnahmen ordnungs- und vertragsgemäß abzurechnen, den Verfasser über evtl. Veröffentlichungen, z.B. auf Tonträgern oder bei Ausstrahlungen im Fernsehen, hinzuweisen sowie dem Urheber (auf Anfrage) Rechenschaftsberichte vorzulegen.

3.1.2.2 Autorenexklusivvertrag

Eine „Erweiterung" des Einzelwerk-Musikverlagsvertrags stellt der Autorenexklusivvertrag dar. Dieser dient der langfristigen Bindung eines Autors an einen Musikverlag. In einem Autorenexklusivvertrag wird ein Autor mit zukünftigen, noch nicht geschaffenen Werken an den Musikverlag für einen bestimmten Zeitraum exklusiv gebunden. Für den Verfasser bedeutet dies meist, dass er für sämtliche Werke, die er in einem bestimmten Zeitraum produziert, an den Musikverlag gebunden ist, bzw. dem Musikverlag exklusiv anzubieten hat. Dabei kann es Bestandteil des Autorenexklusivvertrags sein, dass sich der Verleger verpflichtet, sämtliche Werke des Verfassers in Verlegung zu nehmen, bzw. dem Verlag lediglich ein Optionsrecht eingeräumt wird. Neben der Vertragslaufzeit kann auch eine Mindestanzahl an abzuliefernden Werken durch den Autor Bestandteil des Autorenexklusivvertrags sein. Ebenso wie beim Einzelwerk-Musikverlagsvertrag verpflichtet sich der Verleger auch beim Autorenexklusivvertrag, sich für die Verbreitung der durch den Verfasser einzubringenden Werke in handelsüblicher Weise einzusetzen. Da bei einem Autorenexklusivvertrag der Vertragsgegenstand noch nicht vorhanden ist – zukünftige, noch nicht geschaffene Werke –, wird der Verfasser meist durch sogenannte Vorauszahlungen vergütet. Die Höhe dieser „Vorschüsse" berechnet sich an Faktoren wie z.B. den bisherigen Erfolge des Autors und die zu erwartenden Einnahmen. Bezüglich der Vertragsbindung, der Vergütung und der Vorschüsse, kann der Autorenexklusivvertrag eine Vielzahl weiterer Faktoren enthalten. Ein Beispiel ist die automatische Verlängerung des Vertrags, sollten zu einem spezifizierten Zeitpunkt die Zahlungen des Verlegers an den Autor noch nicht durch Einnahmen des Verlags abgedeckt sein.

3.1.2.3 Editionsvertrag

Der Editionsvertrag ermöglicht es, ein Vertragsverhältnis zwischen Verlag und Nicht-Autoren herzustellen. Während im Musikverlagsvertrag oder im Autorenexklusivvertrag eine Bindung zwischen Verleger und Autor/Verfasser/Komponist besteht, ermöglicht der Editionsvertrag, auch sonstige Personen wie Manager, Produzenten oder andere Einbringungspartner an den verlegerischen Einnahmen zu partizipieren. Als Einbringungspartner können sämtliche Personen und Firmen agieren, die in irgendeiner Form Werke bzw. Rechte durch Erschaffung oder juristische Bindungen einbringen können. Dies können Autoren und Komponisten sein, aber auch Produzenten, Manager oder Film- und AV-Produktionsfirmen. Für diesen Fall wird durch den Verlag in Zusammenarbeit mit dem Einbringungspartner eine Edition gegründet, meist in Form einer Gesellschaft bürgerlichen Rechts, welche die eingebrachten Werke der Autoren verlegt. Bei der GEMA wird die Edition angemeldet und eingetragen und fungiert ab diesem Zeitpunkt als Unterkonto des Musikverlags.

Bestandteile des Editionsvertrages sind z.B. neben dem zeitlichen Umfang die Beteiligungsregeln. Häufig wird für den Verlagsanteil eines durch die

Edition verlegten Titels das Verhältnis 50 : 50 abgeschlossen, jedoch sind auch sämtliche anderen Regelungen möglich. Auch der Verbleib der Werke nach Vertragsende wird durch den Editionsvertrag geregelt. So können die Werke nach Beendigung des Editionsvertrags beispielsweise auf den Verlag übergehen, nach dem Verhältnis der Editionsanteile aufgeteilt werden oder an den Einbringungspartner zurückgehen. Aber auch andere vertragliche Regelungen sind denkbar.

3.1.2.4 Co-Verlagsvertrag

Der Co-Verlagsvertrag regelt das Verhältnis zwischen zwei oder mehreren Verlagen. Dies kann der Fall sein, wenn z.B. Autoren, die durch Verträge an unterschiedliche Verlage gebunden sind, in Zusammenarbeit ein Werk erstellt haben. In diesem Fall haben die Verlage Autorenverträge mit dem jeweiligen Autor und untereinander einen Co-Verlagsvertrag geschlossen. Wie auch bei sämtlichen anderen Vertragsarten können im Co-Verlagsvertrag die zeitlichen, örtlichen und inhaltlichen Faktoren frei verhandelt werden. Aufgrund von administrativen bzw. marktgegebenen Faktoren kann der Co-Verlagsvertrag eine Regelung bezüglich der Federführung enthalten. Dabei wird vertraglich festgehalten, welcher Verlag die Rechte wahrnimmt, die nicht durch die GEMA wahrgenommen werden. Insbesondere im Werbe- und Synchronisationsbereich, als auch bei der Herausgabe von Noten, sowie der Rechtevergabe an Subverlage (z.B. für das Ausland) ist dies von Bedeutung.

3.1.2.5 Administrationsvertrag

Der Administrationsvertrag unterscheidet sich vom Co-Verlagsvertrag und dem Editionsvertrag im Hinblick auf die Übertragung von Rechten. Denn sämtliche Verwertungs- und Nutzungsrechte verbleiben bei dem ursprünglichen Verlag und werden nicht an den administrierenden Verlag übertragen. Das bedeutet, dass der administrierende Verlag keinerlei verlegerische Beteiligung an den Werken erhält. In den häufigsten Fällen von Administrationsverträgen wird ein „kleinerer" Verlag, der Werke eines oder mehrerer Autoren verlegt, durch einen „größeren" Verlag, der über die nötige Infrastruktur, das Know-how und Personal verfügt, administriert. Der administrierende Verlag übernimmt sämtliche geschäftlichen Vorgänge des administrierten Verlags – die Anmeldungen bei der GEMA, das Inkasso, Abrechnungen und ggf. Buchführung und andere organisatorische Aufgaben. Sämtliche kreativen Aufgaben bleiben wie auch der Besitz der Verwertungs- und Nutzungsrechte bei dem administrierten Verlag. Je nach Umfang der administrativen Aufgaben sowie abhängig von der Wertigkeit der vorhandenen Werke erhält der Administrationsverlag einen Anteil der Einnahmen.

3.1.2.6 Subverlagsvertrag

Der Subverlagsvertrag stellt eine Art Co-Verlagsvertrag oder Administrationsvertrag im internationalen Kontext dar. Hat sich ein Verlag die weltweiten Verlagsrechte eines Autors sichern lassen, überträgt er nun seine Rechte zur Wahrnehmung im Ausland an einen dort ansässigen Verlag. Die Vorteile dieser „Ausgliederung" der Rechtewahrnehmung im Ausland an dort ansässige Verlage sind neben der Ortsnähe und dem Wegfall von möglichen Sprachbarrieren auch die eventuell zu berücksichtigenden Besonderheiten der ausländischen Urheberrechtsprechung bzw. des Rechts- und Wahrnehmungssystems. So gehören Tätigkeiten wie die ordnungsgemäße Anmeldung und Registrierung bei den jeweiligen Verwertungsgesellschaften unter Berücksichtigung der länderbedingten Gepflogenheiten zu den Grundaufgaben der Subverlage. Doch neben diesen grundlegenden Tätigkeiten übernimmt der Subverlag auch die aktive Verbreitung der Werke. Sämtliche Aufgaben, die der Verlag im Inland durchführt, wie z.B. Akquise von Tonträgerveröffentlichungen, Vergabe von Nutzungsrechten und sonstige Verwertungsmöglichkeiten, übernimmt der Subverlag im jeweiligen Ausland. Auch die komplette Promotionarbeit bzw. evtl. Lokalisierungen oder die Erstellung spezieller Versionen oder Übersetzungen für das jeweilige Ausland werden durch den Subverlag übernommen.

Aufgrund der Kooperationen und Vernetzung der einzelnen Verwertungsgesellschaften untereinander und der daraus resultierenden Möglichkeit, einen Großteil der Verlagseinkünfte über die Verwertungsgesellschaften einzunehmen, stellt sich durchaus die Frage nach dem Vorteil des Subverlags, zumal die Einkünfte durch den Abzug des Subverlagsanteils zusätzlich reduziert werden. Dennoch überwiegen die Vorteile, wie z.B. die Abrechnungszeit und damit der Erhalt der Verlagseinkünfte. Während bei der Abrechnung über die Verwertungsgesellschaften die Wartezeit bis zum Geldeingang oft 12 bis 24 Monate dauern kann, verkürzt sich die Abrechnungszeit mittels eines Subverlegers, da dieser direkt mit dem Orginalverleger abrechnen kann, bzw. ausgehandelte Subverlagsvorschüsse sehr schnell und direkt gezahlt werden. Und auch die schon genannten Vorteile des „lokalen Marktinsiders" tragen dazu bei, dass Subverlagsverträge von hoher Bedeutung im internationalen Musikverlagswesen sind.

3.1.2.7 Künstlervertrag

Der Künstlervertrag unterscheidet sich von den vormals genannten Vertragsarten. Während bei einem Verlagsvertrag die Übertragung von Nutzungs- und Verwertungsrechten von einem oder mehreren Urhebern an einen Verlag im Fokus steht, enthält der Künstlervertrag die Herstellung von Bild- und Tonaufnahmen mit einem oder mehreren Künstlern sowie die umfassende Verwertung dieser Aufnahmen als Vertragsgegenstand. Es wird deutlich, dass der Künstlervertrag in erster Linie zwischen Tonträgerherstellern, Plattenfirmen oder Labels und einem oder mehreren ausführenden Künstlern abgeschlossen wird und typischerweise nicht von Musikverlagen. Aufgrund der schon beschriebenen gewandelten Handlungsfelder und Aufgaben der Musikverlage treten jedoch mehr und mehr Verlagshäuser als produzierende Verlage auf. Dies bedeutet, dass sie neben der Vergabe von Nutzungs- und Verwertungsrechten eigenständig die Herstellung von Bild- und Tonaufnahmen durchführen. Dieser Umstand führt dazu, dass das Thema Künstlervertrag auch für Musikverlage von zunehmender Bedeutung wird.

Der Künstlervertrag regelt die Beziehung eines Herstellers von Tonaufnahmen mit einem Künstler, der jedoch nicht zwangsläufig auch Urheber sein muss. Während sich der Verlagsvertrag auf die urheberrechtlichen Aspekte der Verwertung und Nutzung von Werken bezieht, regelt der Künstlervertrag die direkte Produktion, das Einspielen und Aufnehmen von Werken. Meist bindet der Künstlervertrag einen Interpreten oder Künstler für eine festgelegte Anzahl von Produktionen an einen Tonträgerhersteller. Neben der physischen Produktion der Titel überträgt der Künstler in den meisten Fällen auch seine Leistungsschutzrechte an den produzierten Werken. Der Künstler erhält dafür als Gegenleistung eine Vergütung, meist in Form einer prozentualen Beteiligung anhand des HAP, des Händlerabgabepreises. Meist sind Künstlerverträge auf einen speziellen Titel, eine bestimmte Anzahl von Titeln oder eine feste Laufzeit festgelegt. Je nach Art des Vertrages können aber auch spezielle Exklusivität (Künstlerexklusivvertrag), Laufzeiten oder Optionen auf Vertragsverlängerungen in einem Künstlervertrag geregelt sein.

3.1.2.8 Bandübernahmevertrag

Bei einem Bandübernahmevertrag ist die finale Tonaufnahme, das fertig produzierte Masterband, der Vertragsgegenstand. Meist verpflichtet sich der Vertragspartner, in der Regel der Tonträgerhersteller oder die Plattenfirma, zur Vervielfältigung und Veröffentlichung eines oder mehrerer Tonträger. Dabei „erwirbt" die Plattenfirma durch den Bandübernahmevertrag die abgeschlossen produzierte Tonaufnahme und nimmt diese als Grundlage – als „Master" – zur Vervielfältigung und Veröffentlichung. An dem kreativen Schaffungsprozess sowie der eigentlichen Produktion der Tonaufnahmen ist die Plattenfirma nicht beteiligt.

Daher ermöglicht der Bandübernahmevertrag einem Künstler oder Produzenten, in unabhängiger Art und Weise und in völliger Selbständigkeit ein Werk zu produzieren. So ist es möglich, in Unabhängigkeit und ohne Beeinflussung einer Plattenfirma eine Tonaufnahme zu produzieren und das fertige Produkt mittels eines Bandübernahmevertrages durch einen Tonträgerhersteller, eine Plattenfirma oder Distributor vervielfältigen und veröffentlichen zu lassen – unter der Voraussetzung, der Produzent/Künstler findet einen Käufer/Vertragspartner. Neben der Selbstständigkeit und Unabhängigkeit trägt der wirtschaftliche Produzent jedoch auch sämtliche finanziellen Verpflichtungen und wirtschaftlichen Risiken des Produktionsprozesses der Tonaufnahme. Die Studiosuche und -buchung, das Verpflichten von Musikern, eventuelle Rechtelizenzierungen für die Produktion und alle weiteren Kosten, die im Rahmen der Produktion des Masterbands anfallen, müssen von dem wirtschaftlichen Produzenten bzw. dem Künstler finanziert werden. Dafür liegt im Falle eines Bandübernahmevertragsabschlusses, z.B. mit einer Plattenfirma, die Vergütung meist in Form einer prozentualen Beteiligung anhand des HAP, höher, als es bei einem Künstlervertrag der Fall ist.

Für den produzierenden Musikverlag ist der Bandübernahmevertrag in zweierlei Hinsicht interessant. Verfügt der Musikverlag über Vertriebsstrukturen, kann er mittels Bandübernahmeverträgen als Vertragspartner die von Künstlern und Komponisten eigenständig hergestellten Produktionen vervielfältigen und vertreiben. Auf der andern Seite ist der Musikverlag in der Lage, als wirtschaftlicher Produzent von Tonaufnahmen zu fungieren und die Werke seiner z.B. durch Verlagsverträge gebundenen Komponisten und Autoren eigenständig zu produzieren sowie fertige Masterbänder zu erstellen. Mit diesen durch den Musikverlag produzierten Masterbändern ist er nun in der Lage, die Vervielfältigung und Veröffentlichung der Tonaufnahmen mittels eines Bandübernahmevertrags mit Plattenfirmen oder Tonträgerherstellern zu erreichen.

3.1.3 Die Wertschöpfungskette der Musikverlage in der Musikindustrie

Im folgenden Kapitel soll kurz auf die betriebliche Wertschöpfungskette eines Musikverlags eingegangen werden. Um die Wertschöpfungskette innerhalb der Musikverlage besser einordnen zu können, werden auch die vor- und nachgelagerten Märkte der Musikwirtschaft betrachtet. Aufgrund der schon beschriebenen zunehmenden Digitalisierung des Kulturgutes Musik sowie der zunehmenden Vernetzung soll neben der klassischen Wertekette der Musikindustrie auch eine digitale Wertekette vorgestellt werden.

3.1.3.1 Die klassische Wertekette der Musikindustrie

Als Wertschöpfung kann grundsätzlich die Differenz zwischen dem geschaffenen Wert eines Wirtschaftsguts (Output) und der eingesetzten Werte (Input) bezeichnet werden.[75] Das Geschäftsmodell und die Wertekette

[75] Vgl. PORTER, M. (Verf.) (1999): ***Wettbewerbsvorteile: Spitzenleistungen erreichen und behaupten*** (5. Auflage); Frankfurt am Main, Campus Verlag; S. 70ff

der Musikindustrie konnte über viele Jahre recht einfach dargestellt werden. Abbildung 9 zeigt die vereinfachte Darstellung der klassischen Wertschöpfung in der Musikindustrie.

>> *Klassische Wertekette der Musikindustrie*

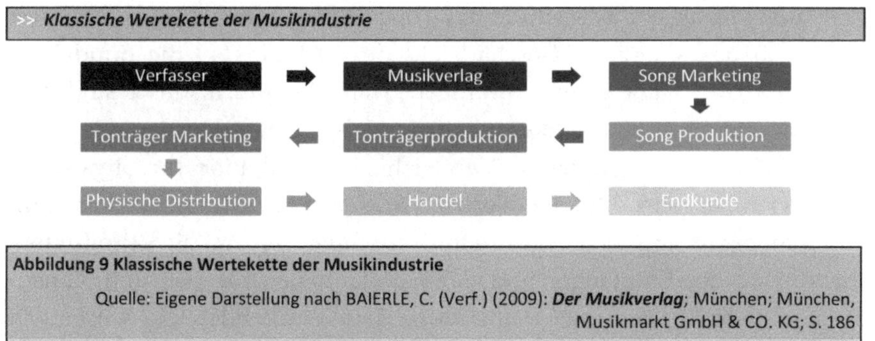

Abbildung 9 Klassische Wertekette der Musikindustrie

Quelle: Eigene Darstellung nach BAIERLE, C. (Verf.) (2009): ***Der Musikverlag***; München; München, Musikmarkt GmbH & CO. KG; S. 186

Am Anfang der Wertekette steht stets der kreative Prozess, die Komposition oder Schaffung eines Werkes durch den Komponisten, Autor oder Verfasser. Durch Verträge (Verlagsvertrag, Autorenvertrag) erwirbt ein Musikverlag die Rechte an diesen geschaffenen Werken. Der Musikverlag strebt die Verwertung der Titel an, bietet sie z.B. einem Tonträgerhersteller oder einer Plattenfirma an. Die Plattenfirma erstellt nun in Zusammenarbeit mit einem oder mehreren von ihr verpflichteten Künstlern Aufnahmen der Werke. Diese Produktionen werden auf Tonträger gebündelt, welcher letztendlich das fertige Produkt darstellt. Dieses fertige Produkt wird mit entsprechenden Maßnahmen vermarktet, in den Handel gegeben und über diesen an den Endkunden bzw. Konsumenten vertrieben.

3.1.3.2 Die digitale Wertekette der Musikindustrie

Durch die Digitalisierung und neue Kompressionsmöglichkeiten für Musik sowie die zunehmende Globalisierung und Vernetzung und die dadurch entstehenden digitalen Transaktionsmöglichkeiten wird auch die klassische Wertekette der Musikindustrie beeinflusst. Das bisherige Geschäftsmodell mit einem physischen Datenträger als Produkt, der in beliebiger Form durch den Handel vertrieben und als „Bundle" mehrere Musikwerke erworben wird, hat sich durch die neuen Möglichkeiten, auf dem digitalen Weg einzelne Musikwerke zu erwerben, nachhaltig verändert. Durch die reine digitale Distribution ist es nun möglich, einzelne Positionen in der klassischen Wertekette wie die Tonträgerproduktion, die physische Distribution sowie den Handel zu umgehen und aus der Wertekette auszuschließen. Da die Werke und Tonaufnahmen in der digitalen Wertekette nicht mehr an das Medium des Tonträgers gebunden sind, verändert sich auch das klassische Geschäftsfeld des „Albums" – die Bündelung mehrerer Werke auf einem Tonträger. Titel und Musikstücke sind nun einzeln und separat auf dem digitalen Weg erhältlich. Besonders die Transaktionskosten nehmen im Vergleich zur Distribution von physischen Produkten bei dem digitalen Vertrieb drastisch ab. Dies ermöglicht nun eine schnellere und weiter gestreute Verteilung der digitalen Produkte – die Anzahl der Empfänger und damit potentiellen Kunden und Konsumenten steigt.[76] Dies ermöglicht auch, dem Endkunden ein wesentlich größeres Angebot an digitalen Inhalten anbieten zu können.

Abbildung 10 Digitale Wertekette der Musikindustrie

Quelle: Eigene Darstellung nach BAIERLE, C. (Verf.) (2009): ***Der Musikverlag***; München; München, Musikmarkt GmbH & CO. KG; S. 188

Abbildung 10 zeigt die vereinfachte digitale Wertekette der Musikindustrie. Während in der klassischen Wertekette die Herstellung des Tonträgers eine tragende Säule des Modells darstellte, auf der auch weitere Elemente wie das Tonträger-Marketing, die physische Distribution und der Handel aufbaute, verschiebt sich der Schwerpunkt in der digitalen Wertekette nun auf die einzelne, digitale Tonaufnahme. Es wird deutlich, dass Verfasser wie auch Musikverlage ihre Stellung aus der klassischen Wertekette auch in der digitalen Wertekette innehaben. Die Positionen, welche üblicherweise durch die Tonträgerhersteller kontrolliert wurden – wie Songproduktion, Tonträgerproduktion, Tonträger-Marketing, physische Distribu-

[76] Vgl. BAIERLE, C. (Verf.) (2009): ***Der Musikverlag***; München; S. 187f

tion - sehen sich am stärksten durch die digitale Veränderung beeinträchtigt.

3.1.3.3 Die Wertschöpfungskette des Musikverlags

Die Wertschöpfungskette nach Porter unterscheidet zwischen primären und unterstützenden Wertaktivitäten. Die Primäraktivitäten dienen dabei der marktbezogenen Wertschöpfung, von der Beschaffung und Eingangslogistik zur Erstellung des fertigen Produkts, der Ausgangslogistik und dem Vertrieb bis zum Kundendienst. Abbildung 11 zeigt das vereinfachte Porter-Modell der Wertschöpfungskette.

>> *Wertschöpfungskette nach Porter*

Abbildung 11 Wertschöpfungskette nach Porter

Quelle: PORTER, M. (Verf.) (1999): ***Wettbewerbsvorteile: Spitzenleistungen erreichen und behaupten*** (5. Auflage); Frankfurt am Main, Campus Verlag; S. 67ff

Die erste Stufe der Wertschöpfung, die Eingangslogistik bzw. Inhaltebeschaffung, zeichnet sich bei Musikverlagen hauptsächlich durch die A&R-Tätigkeit, also die Zusammenarbeit mit Verfassern, Komponisten, aber auch anderen Verlagen aus. Die Komponisten, Verfasser und andere Verlage versorgen den Musikverlag mit Inhalten – mit Kompositionen und Musikwerken. In der zweiten Wertschöpfungsstufe, der Produktion bzw. Inhalteerstellung wird das eigentlich Produkt, also das fertige Musikwerk, für die Verwertung erstellt. In diesem Schritt werden Notenausgaben erstellt, die Werke digital erfasst bzw. Tonaufnahmen für Demo- und Marketingzwecke erstellt. Die Wertschöpfungsstufe der Ausgangslogistik regelt das zur Verfügungstellen der Werke an mögliche Kunden und Auswerter. Dies kann z.B. durch das Einpflegen in eine dem Kunden zur Verfügung stehende Datenbank geschehen, auch das Abschließen von Subverlagsverträgen für die Auswertung im Ausland fällt unter diese Wertschöpfungsstufe. Bei einem notendruckenden Musikverlag gehören die Druckvorbereitung und die Vervielfältigung der Notenausgabe zu dieser Stufe. In der anschließenden Wertschöpfungsstufe Marketing & Vertrieb werden die im zweiten Schritt erstellten Tonaufnahmen aktiv an potentielle Kunden wie Werbeagenturen, Plattenfirmen, Künstler oder Tonträgerhersteller vertrieben und zur Lizenzierung zur Verfügung gestellt. Der notendruckende Musikverlag unternimmt in dieser Stufe der Wertschöpfungskette klassische Marketingmaßnahmen, um die Bekanntheit bzw. den Verkauf oder die Vermietung seiner Notenausgaben zu fördern. Der nächste Schritt Kundenservice regelt beim notendruckenden Musikverlag die Betreuung der Musikalienhändler im Business to Business-Bereich (B2B), bzw. den klassischen Kundenservice im Bereich des Business to Customer (B2C) im Falle des Direktvertriebs an den Verbraucher z.B. durch Online-shops oder digitale Distribution.

Abbildung 12 Primäre Aktivitäten in der Wertschöpfungskette des Musikverlags

Quelle: Eigene Darstellung nach BAIERLE, C. (Verf.) (2009): ***Der Musikverlag***; München, Musikmarkt GmbH & CO. KG; S. 189ff

Beim Nebenrechte auswertenden Verlag – meist Musikverlagshäuser im Bereich der U-Musik – findet meist kein Endkundengeschäft statt bzw. können fast alle Geschäftsvorfälle dem B2B-Bereich zugeordnet werden. Hier beschränkt sich der Kundenservice ausschließlich auf die Unterstützung der Lizenznehmer. Abbildung 12 zeigt zusammengefasst die primären Aktivitäten der Wertschöpfungskette des Musikverlags.

3.2 Aufgaben und Handlungsfelder des modernen Musikverlags

Wie schon im Kapitel *„Geschichtliche Entwicklung des Musikverlagswesens"* deutlich wurde, unterlag das Musikverlagswesen in der Vergangenheit einem stetigen Wandlungsprozess. Durch gesellschaftliche Veränderungen, neue Technologien und Medien erfuhr die Musikbranche im Allgemeinen – und das Verlagsgeschäft im Speziellen – substantielle Veränderungen. Besonders die Verwertungs- und Verbreitungsmöglichkeiten für Musik, die durch die fortschreitenden Entwicklungen im Bereich der neuen Medien und neuen Technologien eine enorme Vervielfältigung erlebten, führten zu einer stetigen Veränderung und Anpassung der Tätigkeitsfelder der Musikverlage. Anpassungsprozesse und die Ausweitung auf neue Geschäftsbereiche bewirkten, dass der moderne Musikverlag sein Aufgabenspektrum auf neue Bereiche der Musikwirtschaft ausweitete.

Bildete früher der Notendruck und die Verbreitung der Notenausgaben als die wichtigste Musikverwertung den Mittelpunkt der geschäftlichen Tätigkeiten der Musikverlage, so hat das Notengeschäft inzwischen zunehmend an wirtschaftlicher Bedeutung verloren und wird besonders bei auf Unterhaltungsmusik spezialisierten Verlagen zunehmend durch neue Tätigkeiten, insbesondere im Dienstleistungsbereich, verdrängt.[77] Häufig nimmt der moderne Musikverlag nun Aufgaben wahr, die ursprünglich Unternehmen aus anderen Bereichen des Musikbusiness zugeordnet waren. So werden zunehmend Aufgaben des klassischen Künstlermanagements, der Konzertveranstalter und -agenturen, als auch Kompetenzen der Tonträgerfirmen durch den modernen Musikverlag wahrgenommen. Musikverleger betätigen sich zunehmend als Musik- und Künstlermanager. Auch im Bereich der Produktion von Songs und Titeln übernimmt der moderne Musikverlag „[...] *immer häufiger die A&R-Arbeit und andere kreative Aufgaben, die früher ausschließlich bei den Schallplattenfirmen angesiedelt*

[77] Vgl. JURANEK, J. (Verf.) (ohne Jahr): ***Neue Medien in der Verlagswelt*** in Kolleritsch, O. (Hrsg.) (2002): *Der Musikverlag und seine Komponisten im 21. Jahrhundert;* Graz/Wien; S. 105

waren [...]"[78]. Eigene Tonstudios ermöglichen dem produzierenden Verlag, hochwertige Produktionen bei Plattenfirmen und Distributoren vorstellen zu können, bzw. fertige Masterbänder herstellen zu können, um über ein eigenes Label Tonträger zu veröffentlichen. Nicht selten wird dabei lediglich der Vertrieb einer etablierten Tonträgerfirma überlassen.[79]

Auch durch das Aufkommen neuer Nutzungsmöglichkeiten erlebte das Musikverlagswesen nachhaltige Veränderungen. Stellte in frühen Zeiten des Verlagswesens die öffentliche Aufführung und die eventuelle Veröffentlichung auf Schallplatten oder anderen Medien die einzigen Musikverwertungsmöglichkeiten dar, gibt es heute nicht zuletzt durch Internet, Mobilfunk, Film und Fernsehen eine Vielzahl Verwertungs- und Nutzungsmöglichkeiten. Daher ist die Verwaltung und Vergabe dieser Rechte (dazu gehören unter anderem die Vergabe von Abdrucklizenzen, Bearbeitungsgenehmigungen, Nutzungsrechte für Mobile und Klingeltöne, das Synchronisationsrecht für Filme, TV und Werbung usw.) ein wesentlicher Geschäftsbereich der großen Musikverlagshäuser.[80]

In den folgenden Abschnitten sollen nun die einzelnen Geschäftsfelder und Tätigkeiten erläutert und dargestellt werden. Da, wie in der Zielsetzung dieser Arbeit formuliert, der Schwerpunkt auf den Musikverlagshäusern der Unterhaltungsmusik liegt, wird nur kurz auf das Notengeschäft – die Vervielfältigung und Verbreitung von Notenausgaben – eingegangen. Weiterhin soll gezeigt werden, wie der moderne Musikverlag als Partner der Musikschaffenden, der Komponisten, Kreativen und Urheber auftritt und welche administrativen Aufgaben er wahrzunehmen hat. Es wird erörtert, wie der Musikverlag seine vertraglich festgelegte Rolle als „Publisher" – als Herausgeber, Veröffentlicher und Vermittler von

[78] NEUBAUER, J. (Verf.) (ohne Jahr): ***Aufgaben des Musikverlegers*** in Moser, P., Scheuermann, A. (Hrsg.) (1993): *Handbuch der Musikwirtschaft - Der Musikmarkt* (2. Auflage); Starnberg; S. 175

[79] Vgl. SIKORSKI, H. (Verf.) (ohne Jahr): ***Geschichte des Verlagswesens*** in Moser, P., Scheuermann, A. (Hrsg.) (2003): *Handbuch der Musikwirtschaft - Der Musikmarkt* (6. Auflage); Starnberg; S. 287

[80] Vgl. TIETZE, T. (Verf.) (2008): ***Musikverlage***; [ONLINE] http://www.miz.org/static_de/themenportale/einfuehrungstexte_pdf/07_Musikwirtschaft/tietze.pdf [Stand: 31.07.2010]; S. 5f.

Werken – wahrnimmt und die Verwaltung und Vergabe von Nutzungs- und Verwertungsrechten der ihm anvertrauten Werke forciert und anstrebt. Auch eventuelle Geschäftsfelder außerhalb der traditionellen Handlungsfelder (u.a. 360-Grad-Verträge oder der „produzierende Musikverlag") sollen aufgezeigt und erläutert werden.

>> *Vor- und nachgelagerte Märkte der Musikwirtschaft*

Abbildung 13 Vor- und nachgelagerte Märkte der Musikwirtschaft

Quelle: SCHULZE, R. (Verf.) (1996): ***Die Musikwirtschaft; Marktstrukturen und Wettbewerbsstrategien der deutschen Musikindustrie***; Hamburg, Verlag Kammerer & Unverzagt; S. 100

3.2.1 Das Notengeschäft

Wie bereits im Laufe dieser Arbeit erläutert, hat sich das Notengeschäft, d.h. die Vervielfältigung, Veröffentlichung, Verbreitung und Vermarktung von Noten, stark reduziert. Besonders für die Musikverlage, die ihren Hauptschwerpunkt im Bereich der Unterhaltungsmusik haben, ist das Notengeschäft stark in den Hintergrund getreten bzw. spielt allenfalls noch eine untergeordnete Rolle. Oftmals wird der Notendruck, sofern er z.B. bei sehr erfolgreichen Komponisten und Titeln in Form eines Songbooks überhaupt noch stattfindet, per Lizenzvergabe vom U-Musikverlag vergeben. Immer häufiger findet sich jedoch eine ausdrückliche Verzichtserklärung bezüglich des Notendrucks – und damit Befreiung des Musikverlags von der Pflicht der Veröffentlichung und Verbreitung per gedrucktem Notenwerk – in immer mehr Verlagsverträgen.[81]

Von den ca. 500 im Deutschen Musikverleger-Verband registrierten Musikverlagen sind etwa 150 im klassischen Notengeschäft tätig und veröffentlichen im Jahr mehrere Tausend Notenausgaben, die zusammen mit dem Altrepertoire einen Gesamtumsatz von ca. 80 Millionen Euro erwirtschaften.[82]

>> ***Wertung der Notenproduktion, -publikation***

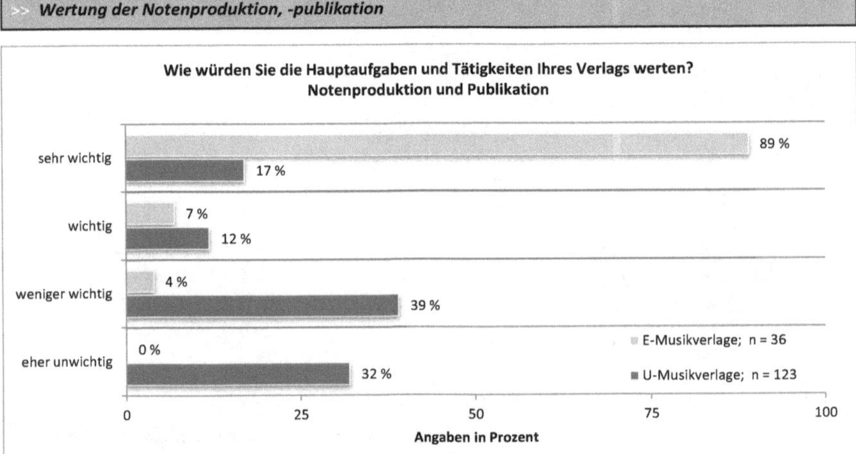

Abbildung 14 Wertung der Notenproduktion, -publikation

Hinweis: Auszug einer Umfrage unter Musikverlagen mit einer realisierten Stichprobe von 159. Die Fragestellung lautete: "Wie würden Sie die Hauptaufgaben und Tätigkeiten Ihres Verlags werten? Notenproduktion und -publikation".

Die vollständige Umfrage inklusive der weiteren Ergebnisse, Kommentare und Erläuterungen zum Untersuchungsdesign befindet sich im Anhang dieser Arbeit.

Quelle: Eigene Darstellung

81 Vgl. NEUBAUER, J. (Verf.) (ohne Jahr): ***Aufgaben des Musikverlegers*** in Moser, P., Scheuermann, A. (Hrsg.) (1993): *Handbuch der Musikwirtschaft - Der Musikmarkt* (2. Auflage); Starnberg; S. 175

82 Vgl. REISINGER, R. (Verf.) (ohne Jahr): ***Notendruck und Notenvertrieb*** in Moser, P., Scheuermann, A. (Hrsg.) (2003): *Handbuch der Musikwirtschaft - Der Musikmarkt* (6. Auflage); Starnberg; S. 290 und BAIERLE, C. (Verf.) (2009): ***Der Musikverlag***; München; München; S. 371

Im Bereich der ernsten Musik bildet das Notengeschäft auch weiterhin einen wichtigen Tätigkeitsbereich und stellt eine bedeutende Einnahmequelle dar. Für viele öffentliche Aufführungen ist das gedruckte Notenwerk nach wie vor die Grundlage und das Medium für die Verbreitung der musikalischen Werke. Obwohl die Möglichkeit der Vervielfältigung von Noten durch Fotokopierer einen enormen wirtschaftlichen Schaden angerichtet hat, bleibt das Notengeschäft besonders in den Bereichen der musikalischen Bildung, im schulischen Umfeld und auch im Verleih von Notenausgaben an Orchester und andere Verwerter ein wichtiger Stützpfeiler, besonders im Bereich der ernsthaften Musik.

>> *Wertung der Notenproduktion, -publikation heute im Vergleich zu vor 10 Jahren*

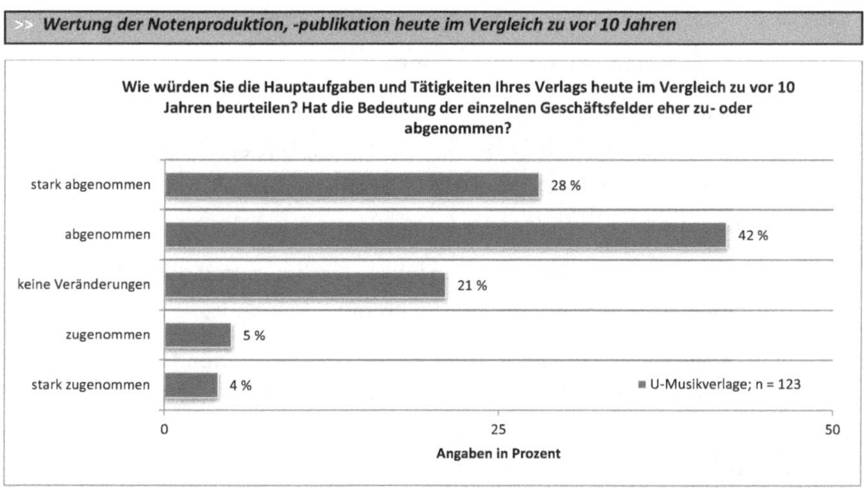

Abbildung 15 Wertung der Notenproduktion, -publikation heute im Vergleich zu vor 10 Jahren

Hinweis: Die vollständige Umfrage inklusive der weiteren Ergebnisse, Kommentare und Erläuterungen zum Untersuchungsdesign befindet sich im Anhang dieser Arbeit.

Quelle: Eigene Darstellung

Abbildung 14 verdeutlicht noch einmal die Diskrepanz zwischen den Musikverlagen der zwei Musikgattungen Unterhaltungsmusik und ernsthafte Musik. Während das Notengeschäft bei den Verlagshäusern der E-Musik von 96 Prozent der Befragten als sehr wichtig bzw. wichtig bezeichnet wird, ergibt das Bild bei den Verlagshäusern, die schwerpunktmäßig der U-Musik zugeordnet werden können, ein umgekehrtes. Dort bezeichnen 61 Prozent der Befragten das Notengeschäft als weniger wichtig bzw. unwichtig. Auch in Abbildung 15 wird der allgemeine Trend des anhaltenden Rückgangs des Notengeschäfts besonders für Verlage der Unterhaltungsmusik deutlich. Knapp 70 Prozent der Befragten aus dem Bereich der Unterhaltungsmusik bezeichnen die Bedeutung des Notengeschäfts heute im Vergleich zu vor zehn Jahren als abgenommen bzw. stark abgenommen. In der Gewichtung der Umsatzanteile aus Notenpublikation, -verkauf, -verleih bezeichnen 81 Prozent der befragen Musikverlage aus dem Bereich der U-Musik den Anteil als weniger hoch bzw. eher niedrig, wohingegen 89 Prozent der befragten Musikverlage aus dem Bereich der E-Musik den Anteil des Notengeschäfts als sehr hoch bzw. hoch bezeichnen.[83]

Abschließend lässt sich zusammenfassen:

- Für viele Musikverlage der E-Musik bleibt die Notenproduktion und -publikation das wichtigste Geschäftsfeld, bildet das gedruckte Notenwerk doch nach wie vor die Grundlage für zahlreiche öffentliche Aufführungen.
- Auch im Bereich wie Notenverleih oder der musikalischen Ausbildung besitzt das Notengeschäft elementare Bedeutung.
- Das Notengeschäft spielt für den Musikverlag der Unterhaltungsmusik noch allenfalls eine untergeordnete Rolle, z.B. in Form von Songbooks oder Liederbüchern für kommerziell sehr erfolgreiche Werke.
- Zunehmend lassen sich Musikverlage durch eine Verzichtserklärung im Musikverlagsvertrag von der Pflicht der Notenvervielfältigung freisprechen, bzw. geben die Notenpublikation per Lizenzvergabe an andere Verlage ab.

---

83 Die vollständige Umfrage inklusive der weiteren Ergebnisse, Kommentare und Erläuterungen zum Untersuchungsdesign befindet sich im Anhang dieser Arbeit.

3.2.2 Verwaltung und Vergabe von Nutzungs-und Verwertungsrechten

Die Möglichkeiten zur Nutzung von Musik sind heute vielfältiger denn je. Wie im Verlauf dieser Arbeit schon mehrfach skizziert, haben sich Verwertungsmöglichkeiten insbesondere durch neue Medien und Technologien rapide erweitert. Während das Notengeschäft, sozusagen die graphische Auswertung des musikalischen Werks, in den letzten Jahren kontinuierlich an Bedeutung verloren hat, insbesondere für die Verlage der Unterhaltungsmusik, gewannen die sogenannten Nebenrechte an Bedeutung – die Vervielfältigung über Tonträger und andere Medien, die öffentliche Aufführung, das Senderecht, die Online-, Mobile- und Internetnutzungen, sowie die Verwertung im Werbe- und Filmbereich.

Ein Großteil dieser Nebenrechte wird, wie schon im Kapitel 2.4.3 *„Verwertungsgesellschaften in der Musikwirtschaft"* beschrieben, von einer Verwertungsgesellschaft – in Deutschland von der Gesellschaft für Aufführungs- und mechanische Vervielfältigungsrechte (GEMA) – kollektiv wahrgenommen. Diese verwaltet die ihr übertragenen Rechte, vergibt Lizenzen an die Verwerter der musikalischen Werke und fungiert treuhänderisch als Inkasso für die anfallenden Lizenzgebühren. In den meisten Fällen sind sowohl Komponist als auch Musikverlag Mitglied der GEMA und übertragen ihre musikalischen Werke dementsprechend zur Wahrnehmung der Verwertungsgesellschaft im Rahmen des abgeschlossenen Berechtigungsvertrags. Im Einzelnen werden der GEMA bei Unterzeichnung des Berechtigungsvertrags folgende Rechte übertragen:[84]

- Die ***Aufführungsrechte an Werken der Tonkunst*** (§ 19 Abs. 2 UrhG) mit oder ohne Text, jedoch unter Ausschluss der bühnenmäßigen Aufführung dramatisch-musikalischer Werke, sei es vollständig, als Querschnitt oder in größeren Teilen.

[84] Vgl. GEMA (Hrsg.) (2007): ***Berechtigungsvertrag***; [ONLINE] http://www.gema.de/fileadmin/inhaltsdateien/urheber/formulare/gema_berechtigungsvertrag.pdf [Stand: 31.07.2010] und BECKER, J., KREILE, R. (Verf.) (ohne Jahr): ***Verwertungsgesellschaften*** in Moser, P., Scheuermann, A. (Hrsg.) (2003): *Handbuch der Musikwirtschaft - Der Musikmarkt* (6. Auflage); Starnberg; S. 695f.

- Das ***Senderecht für Rundfunk*** (§ 20 UrhG) mit Ausnahme des Senderechts für dramatisch-musikalische Werke, sofern sie vollständig, als Querschnitt oder in größeren Teilen übertragen werden; das ***Recht der Wiedergabe von Hörfunksendungen*** (§ 22 UrhG); die ***Rechte der Lautsprecherwiedergabe*** einschließlich der Wiedergabe von dramatisch-musikalischen Werken durch Lautsprecher.
- Das ***Senderecht für Fernsehen*** (§ 20 UrhG) mit Ausnahme des Senderechts für dramatisch-musikalische Werke, sofern sie vollständig, als Querschnitt oder in größeren Teilen übertragen werden; das ***Recht der Wiedergabe von Fernsehsendungen*** (§ 22 UrhG).
- Die ***Filmvorführungsrechte*** (§ 19 Abs. 4 UrhG).
- Das ***Recht der öffentlichen Wiedergabe durch Ton-, Bildton-, Multimedia und andere Datenträger*** (§ 21 UrhG) mit Ausnahme der öffentlichen Wiedergabe dramatisch-musikalischer Werke, sofern sie vollständig, als Querschnitt oder in größeren Teilen übertragen werden.
- das ***mechanische Vervielfältigungs- und Verbreitungsrecht*** (§§ 16, 17 Abs. 1 UrhG), die Vergütungsansprüche für das ***Vermieten und Verleihen*** von Bild- und Tonträgern und Musiknoten (§ 27 Abs. 1 UrhG) sowie die Vergütungsansprüche für ***Bild- und Tonaufzeichnungen*** (§ 54 Abs. 1 UrhG).
- das ***Filmherstellungs- bzw. Synchronisationsrecht*** (ausgenommen Werbung), allerdings unter den in § 1 i Berechtigungsvertrag normierten Einschränkungen.

Von besonderem Interesse ist dabei das Filmherstellungsrecht bzw. Synchronisationsrecht, da dieses aus dem Berechtigungsvertrag und damit von der kollektiven Rechtewahrnehmung durch die GEMA ausgeschlossen werden kann. Bei einigen Verwertungsmöglichkeiten und besonders beim Synchronisationsrecht haben Musikverlage das Interesse, die Vergabe unmittelbar und direkt vorzunehmen. Die direkte Vergabe von Lizenzen durch den Musikverlag hat dabei den Vorteil, an keine festen Tarife einer Verwertungsgesellschaft gebunden zu sein. Dies führt dazu, dass Verträge und Lizenzgebühren individuell verhandelt und spezifischer an die Bedürfnisse des Verwerters angepasst werden können. Zum einen hat dies wirtschaftliche Auswirkungen, zum anderen behält sich der Musikverlag bei der direkten Lizenzvergabe die Möglichkeit der Nichterteilung einer Lizenz vor – eventuell möchte nicht jeder Urheber seine komponierten Werke in Verbindung mit Erotik- oder Imagefilmen einzelner Konzerne sehen.

Besonders im Bereich der Radio- und Fernsehstationen haben die neuen Verbreitungsmöglichkeiten für musikalische Werke mittels Kabel, Satellit und Online (Stichwort IP-TV) eine immense Zunahme und damit einen stark gesteigerten Bedarf an passender Musik bewirkt. Besonders die Musikverlage der Unterhaltungsmusik haben dies erkannt und versuchen sich entsprechend zu positionieren. Die direkte und eigenständige Wahrnehmung der entsprechenden Nutzungsrechte ermöglicht es dem Musikverlag, gezielt die entsprechenden Märkte zu erreichen.

Ähnlich verhält es sich bei Verwertung musikalischer Werke im Bereich der Werbung. Ausdrücklich schließt der Berechtigungsvertrag der GEMA die Benutzung eines Werkes zur Herstellung von Werbespots der Werbung betreibenden Wirtschaft aus. Somit verbleibt die Wahrnehmung dieser Rechte stets beim Urheber bzw. Musikverlag und bietet neben einer bedeutenden Einnahmequelle auch zahlreiche Möglichkeiten für Crossmarketing-Aktionen. So ist heute musikspezifische Werbung, besonders im TV Bereich, kaum mehr finanzierbar. Wird das musikalische Werk nun in Verbindung mit einem Werbespot, z.B. für ein musikaffines Konsumgut, als Werbemusik verwendet, verliert es zwar an Eigenständigkeit, jedoch lassen sich erhebliche Werbekosten einsparen. Der Kreativität (der Musikverlage und der Werbeindustrie) sind hierbei keine Grenzen gesetzt und nicht selten finden sich Komponisten oder Künstler als Testimonial in einem Werbespot wieder.

Die Bedeutung des Werbe- und Filmbereichs spiegelt sich auch in der Entwicklung der sogenannten Library-, Archiv- oder Production Music wider. Archivmusik umfasst dabei speziell für den Einsatz in Fernseh-, Werbe- und AV-Produktionen komponierte Musik. Meist ist Archivmusik keine kommerzielle, also vom Endkunden auf CD kaufbare Musik. Die kompletten geschäftlichen Beziehungen eines Verlags für Archivmusik bewegen sich im sogenannten Business to Business-Bereich (B2B). Die Verwerter von Archivmusik, z.B. AV-Produzenten, Filmproduzenten, Cutter, Werbeproduzenten, können relativ unkompliziert aus einem Pool von szenischer und Hintergrundmusik auswählen. Die Besonderheit bei Archivmusik ist, dass die anbietenden Musikverlage zumeist nicht nur die Nutzungsrechte, sondern auch die Rechte an der Aufnahme (sogenannte Masterrights) anbieten können. Während die Lizenzierungsgebühr für kommerzielle Musik sich meist an Faktoren wie dem Werbebudget der Produktion orientiert, herrschen in der Archivmusik meist günstigere, festgelegte Listenpreise. Die Bedeutung der Synchronisationsrechte, speziell im Fernseh- und Werbebereich wird auch von Abbildung 16 dargestellt. So zählen Agenturen aus dem Werbe-, TV- und Filmbereich zu den am häufigsten genannten Angebotsempfängern der Musikverlage.

>> Zielgruppenanalyse / Angebotsempfänger der Musikverlage

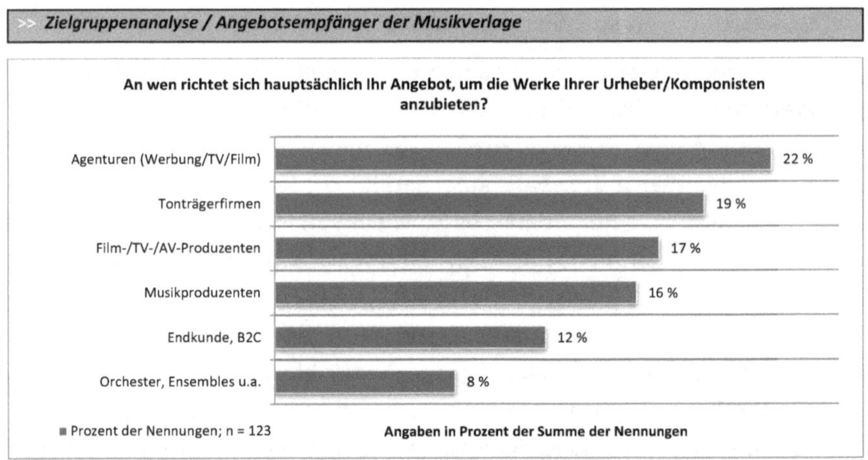

Abbildung 16 Zielgruppenanalyse / Angebotsempfänger der Musikverlage

Hinweis: Die vollständige Umfrage inklusive der weiteren Ergebnisse, Kommentare und Erläuterungen zum Untersuchungsdesign befindet sich im Anhang dieser Arbeit.

Quelle: Eigene Darstellung

Ein weiterer Nutzungsbereich, der durch den Berechtigungsvertrag der GEMA ausgeschlossen und damit direkt durch die Musikverlage lizenziert wird, sind die Aufführungsrechte für bühnenmäßige Aufführungen dramatisch-musikalischer Werke, wie Musicals, Ballett oder Opern. Oftmals wird dabei vom „Großen Recht"[85] gesprochen, jedoch ist dies kein juristisch korrekt definierter Begriff. Auch ist das Große Recht nicht unmittelbar, wie die Begriffe Oper oder Ballett suggerieren können, den Verlagen der E-Musik vorbehalten. Besonders die in den letzten Jahren sehr beliebten großen Musical-Produktionen wie „Mamma Mia", „Cats" oder „We Will Rock You" sind der Unterhaltungsmusik zuzuordnen. Dass die Lizenzvergabe im Geschäftsbereich des Großen Rechts jedoch eine eher niedrige Bedeutung bei den Musikverlagen innehat, zeigt auch Abbildung 17. Knapp 83 % der Befragten stufen den Umsatz aus dem Geschäftsbereich des Großen Rechts als weniger hohen Anteil bzw. eher niedrigen Anteil ein.

>> *Gewichtung der Umsatzanteile im Verlag*

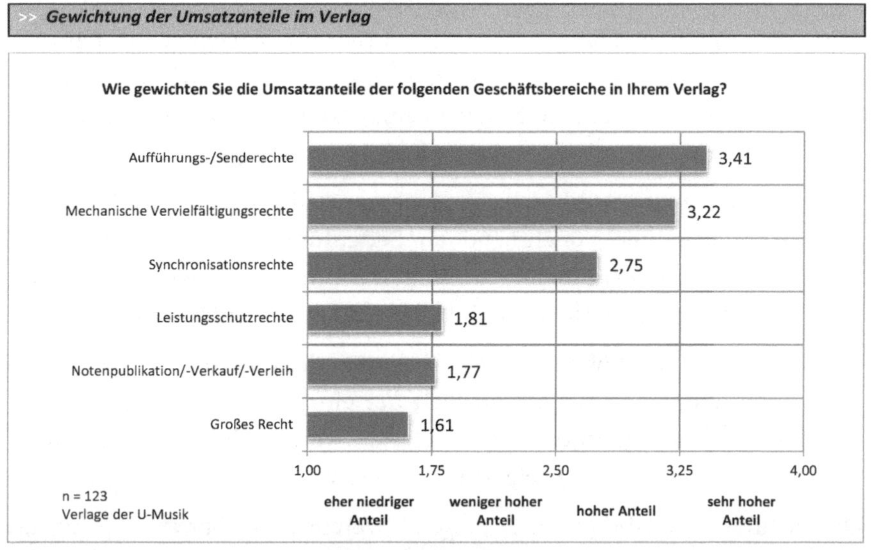

Abbildung 17 Gewichtung der Umsatzanteile im Verlag

Hinweis: Die vollständige Umfrage inklusive der weiteren Ergebnisse, Kommentare und Erläuterungen zum Untersuchungsdesign befindet sich im Anhang dieser Arbeit.

Quelle: Eigene Darstellung

85 „Das kleine Recht" bezeichnet die durch die GEMA kollektiv wahrgenommenen Rechte

Zusammenfassend lässt sich über das Kapitel der Verwaltung und Vergabe von Nutzungs- und Verwertungsrechten Folgendes sagen:

- Da im Normalfall sowohl Komponist als auch Musikverlag Mitglied einer Verwertungsgesellschaft sind – in Deutschland Mitglied der GEMA –, werden über die abgeschlossenen Berechtigungsverträge eine Reihe von Nutzungs- und Verwertungsrechten der GEMA zur kollektiven Wahrnehmung überschrieben.
- Die bedeutendsten Nebenrechte, die der GEMA übertragen werden, sind u.a. die mechanischen Vervielfältigungs- und Verbreitungsrechte, die Senderechte für Funk und Fernsehen, die Aufführungsrechte sowie einige Online- und Internetnutzungsrechte.
- Das Filmherstellungs- bzw. Synchronisationsrecht wird bei Abschluss des Berechtigungsvertrags ebenfalls an die GEMA übertragen, jedoch besteht die Möglichkeit, diese Rechte durch Widerruf eigenständig und direkt zu verwalten.
- Filmherstellungsrechte bzw. Synchronisationsrechte im Werbebereich gewinnen zunehmend an Bedeutung – auch aufgrund der schrumpfenden Einnahmen aus den mechanischen Vervielfältigungsrechten durch den sinkenden Absatz an Tonträgern.
- Aufgrund der hohen wirtschaftlichen Bedeutung der Synchronisationsrechte sowie der Möglichkeit der einfacheren und individuelleren Anpassung an die Lizenznehmer, werden diese von der Mehrheit der Musikverlage eigenständig verwaltet.

Die nachfolgende Abbildung 18 zeigt die vereinfachte Darstellung für das Beispiel eines Geschäftsmodells von Musikverlagen.

>> *Vereinfachtes Geschäftsmodell von Musikverlagen*

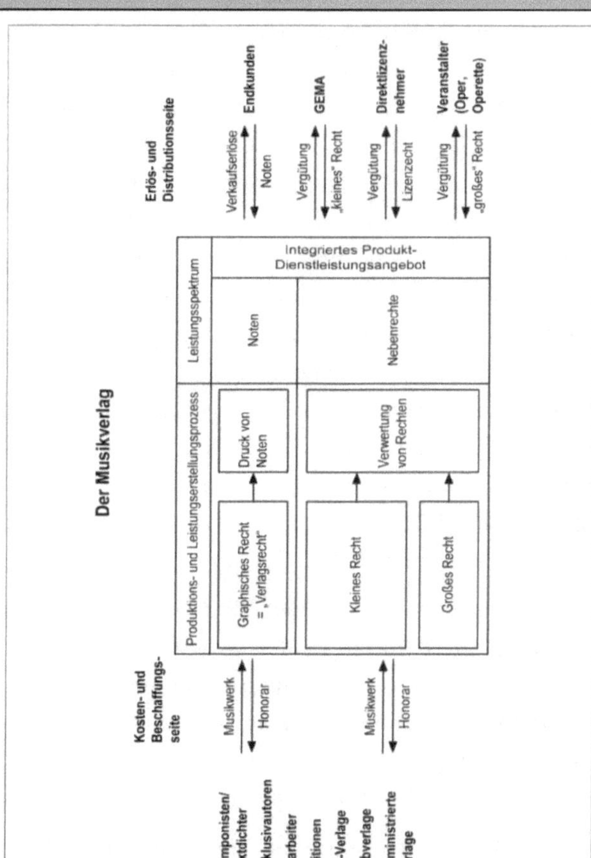

Abbildung 18 Vereinfachtes Geschäftsmodell von Musikverlagen

Hinweis: Das Schaubild ist ein Beispiel für das Geschäftsmodell von Musikverlagen vereinfacht dargestellt.

Quelle: BAIERLE, C. (Verf.) (2009): ***Der Musikverlag***; München, Musikmarkt GmbH & CO. KG; S. 195

3.2.3 Administrative Aufgaben

Ein wesentlicher Bestandteil und Tätigkeitsbereich in einem Musikverlag bildet die administrative Verwaltung und Kontrolle der Rechte und Gelder. Besonders bei großen Musikverlagshäusern ist die Administration ein bedeutender Geschäftsbereich und bildet seine wirtschaftliche Grundlage. Zu den Tätigkeiten und Aufgaben im administrativen Bereich gehören u.a.

die Registrierung und Meldung an die Verwertungsgesellschaften, die Vergabe von Bearbeitungsgenehmigungen, die Verwaltung und Bearbeitung von erteilten Nutzungslizenzen, die Korrespondenz und Absprachen mit (ausländischen) Subverlagen oder Verwertungsgesellschaften, die Abrechnungskontrolle gegenüber Tonträgerherstellern und Rundfunkanstalten sowie die Ausschüttung der Tantiemen an die Musikschaffenden. Für die Bewältigung dieser Aufgaben steht dem größeren Musikverlag meist ein professionelles Fachkräfte-Team aus Copyright- und Royality Managern, Lizenzspezialisten, Kaufleuten und meist auch festangestellten und spezialisierten Rechtsanwälten zur Verfügung. Oftmals vertritt dieser aufwändige und umfangreiche Verwaltungsapparat nicht nur das eigene Repertoire, sondern übernimmt auch die juristischen und administrativen Aufgaben kleinerer Verlage wie z.B. von Autoren-eigenen Verlagen.[86] Die Grundlage dafür bietet unter anderem der Administrationsvertrag (näher beschrieben in Kapitel 3.1.2.5), auf dessen Basis der administrierende Verlag einen Anteil der Einnahmen erhält.

Besonders die administrativen Aufgaben sind von Faktoren wie Internationalisierung, Verlagsübernahmen, Konzernzusammenschlüsse, Sub- und Co-Verträge betroffen. Auch die ständigen Veränderungen der rechtlichen Rahmenbedingungen beeinflussen die administrative Arbeit der Musikverlage, stellen diese vor besondere Herausforderungen und erfordern eine stetige Anpassung und Fortbildung.

Dass die administrativen Tätigkeiten zu den Hauptaufgaben eines Musikverlags gehören und besonders in den letzten Jahren stark zugenommen haben, belegen auch die 86 Prozent der Befragten, die die administrativen Tätigkeiten heute im Vergleich zu vor zehn Jahren als zugenommen bzw. stark zugenommen einschätzen.[87]

---

86 Vgl. NEUBAUER, J. (Verf.) (ohne Jahr): ***Aufgaben des Musikverlegers*** in Moser, P., Scheuermann, A. (Hrsg.) (1993): *Handbuch der Musikwirtschaft - Der Musikmarkt* (2. Auflage); Starnberg; S. 178

87 Die vollständige Umfrage inklusive der weiteren Ergebnisse, Kommentare und Erläuterungen zum Untersuchungsdesign befindet sich im Anhang dieser Arbeit.

3.2.4 Song Exploitation – Song Plugging

Neben der Auswertung der musikalischen Werke im Bereich der Werbung, der Filmherstellung, bleibt das „Song Plugging“, das „Platzieren“ und Vermitteln der noch unveröffentlichten Werke an Tonträgerhersteller und Plattenfirmen ein Schwerpunkt der Verlagsarbeit.[88] Dabei wird versucht, das Repertoire an geeignete Interpreten zu vermitteln, die wiederum auf der Suche nach geeignetem Songmaterial sind. Ziel bleibt stets die erfolgreiche Vermittlung und damit Veröffentlichung auf einem Tonträger. Neben dem Anbieten direkt bei ausführenden Künstlern bilden Musikproduzenten und Tonstudios, Plattenfirmen, Tonträgerhersteller und deren A&R-Abteilungen, Künstler- und Musikmanager die klassische Zielgruppe der Verlage (siehe auch Abbildung 16).

Neben der Direktansprache bzw. Bemusterung der vorhandenen Kontakte als wichtigster Kanal fungieren auch der unternehmenseigene Onlineauftritt, aber auch externe Onlineangebote wie Music2Deal, SongLink oder Songs Wanted als Kanäle, um die Werke der Urheber anzubieten. Auch Messen wie die MIDEM in Cannes oder die Popkomm in Deutschland sind wichtige Veranstaltungen, an denen Songs angeboten und Kontakte gepflegt werden. Diese Messen haben auch eine besondere Bedeutung im Bereich des Subpublishing, die Vergabe des Verlagsrepertoires an einen ausländischen Subverleger für die Auswertung in den jeweiligen Märkten und Ländern.

Da in der Musikwirtschaft allgemein sowie im dicht gedrängten B2B-Bereich zwischen Urheber/Verlag und Interpret/Plattenfirma großer Konkurrenzdruck herrscht, müssen die Werke durch gelenkte Promotion- und Marketingaktivitäten beworben werden, um eine optimale Verwertung zu erreichen. Auch nach einer eventuellen Veröffentlichung durch eine Plattenfirma ist es wichtig, die veröffentlichte Aufnahme zu promoten und zu bewerben. Zwar obliegt es normalerweise der Plattenfirma, das veröffentlichte Werk beim Endkunden zu bewerben, jedoch übernehmen zuneh-

88 Vgl. NEUBAUER, J. (Verf.) (ohne Jahr): ***Aufgaben des Musikverlegers*** in Moser, P., Scheuermann, A. (Hrsg.) (1993): *Handbuch der Musikwirtschaft - Der Musikmarkt* (2. Auflage); Starnberg; S. 176

mend auch die Musikverlage Promotion- und Marketingaufgaben aus diesem Bereich. So nutzen zahlreiche Musikverlage ihre vorhandenen Kontakte in der Medienbranche, um das fertige Produkt in Fachpresse und Rundfunk entsprechend zu promoten. Von besonderer Bedeutung sind auch die in Kapitel 3.2.2 schon angesprochenen Crossmarketing-Konzepte. In einer Art „gekoppelten Werbung" wird Musik in Verbindung mit einer Dienstleistung oder einem Produkt, idealerweise aus einem musikaffinen Bereich, gekoppelt. So kann z.B. der Interpret und der Titel des verwendeten Musikstückes in einem Werbespot als Text eingeblendet werden. Allerdings können auch Interpreten bzw. Musikschaffende als Testimonials in einer Werbung oder für ein Produkt auftreten. Dadurch wird nicht nur das fertige Produkt, die veröffentlichte Tonaufnahme, sondern auch der Interpret bzw. der Musikschaffende selbst zum Gegenstand der Werbung. Nur einige wenige Beispiele sind Werbekampagnen mit Dieter Bohlen und Müllermilch, U2 und Blackberry und Revolverheld und VW.

3.2.5 Weitere Aufgaben und Zusammenfassung

Vor der Verwertung oder Platzierung von Werken müssen entsprechend Komponisten und Songs akquiriert werden. Nimmt man wieder die Wertschöpfungskette des Musikverlags zu Hilfe (siehe Abbildung 13), erfolgt dies durch den Schritt der Inhalteerfassung. Für den Musikverlag bedeutet dies die klassische A&R-Arbeit, das heißt, die Suche nach Komponisten und Songs sowie deren Aufbau, Beratung und Betreuung. Dieser „Kreativarm" des Musikverlags ist die direkte Schnittstelle zu Urhebern und ihren Musikwerke. Im Rahmen einer Art Qualitätskontrolle unter der Berücksichtigung verschiedenster Kriterien entscheidet die A&R-Abteilung über eine In-Vertragsnahme, bzw. gibt Empfehlungen an die Verlagsleitung.

Besonders in diesem kreativen Bereich haben die Musikverlage ihr Tätigkeitsfeld stark erweitert und übernehmen zunehmend Aufgaben, die ursprünglich anderen Bereichen des Musikbusiness zugeordnet waren. So fungieren viele Musikverlage aus dem Bereich der Unterhaltungsmusik zunehmend als „Gesamtdienstleister" ihrer Künstler und Komponisten.[89] So werden Aufgaben des klassischen Künstlermanagements übernommen oder der Musikverleger betätigt sich im Bereich der Konzertveranstalter bzw. -agenturen. Die A&R-Abteilung des Musikverlags ist auch zuständig für die Anfertigung evtl. Demo-Aufnahmen oder Vorproduktionen zur Vorstellung der Songs bei Plattenfirmen oder Künstlern. Besonders im Bereich der Produktion von Songs und Titeln übernimmt der moderne Musikverlag „[…] *immer häufiger die A&R-Arbeit und andere kreative Aufgaben, die früher ausschließlich bei den Schallplattenfirmen angesiedelt waren* […]"[90].

Eigene oder angeschlossene Tonstudios ermöglichen dem Musikverlag die Produktion von hochwertigen Aufnahmen. Oftmals wird dabei die komplette Produktion vom Musikverlag finanziert, der sich nun durch Künstlerverträge (siehe Kapitel 3.1.2.7) die Leistungsschutzrechte sowie die Masterrights, also die Rechte an der Aufnahme, sichert. Die fertige Aufnahme kann nun in Eigenregie vertrieben oder einem Vertriebspartner überlassen werden. Auch die Überlassung der Aufnahme per Bandübernahmevertrag an eine Plattenfirma bzw. einen Tonträgerhersteller ist für den Musikverlag nun möglich. Fungiert der Musikverlag also als eigenständiger Produzent von musikalischen Werken, sucht passende Interpreten und Musiker für die Aufnahmen und finanziert die Produktion usw., spricht man vom „produzierenden Musikverlag".

Zusammenfassend kann man die Aufgaben und Tätigkeitsfelder des Musikverlags folgendermaßen beschreiben:

- Zu den wichtigsten Aufgaben des Musikverlags zählt die kreative Arbeit aus dem Bereich des A&R. Die Suche, der Aufbau und die Betreuung von geeigneten Komponisten, Urhebern und Songs ist elementar, um ein eigenständiges Repertoire aufzubauen (sofern sich

---

89 Vgl. TIETZE, T. (Verf.) (2008): ***Musikverlage***; [ONLINE] http://www.miz.org/static_de/themenportale/einfuehrungstexte_pdf/07_Musikwirtschaft/tietze.pdf [Stand: 31.07.2010]; S. 8f.

90 NEUBAUER, J. (Verf.) (ohne Jahr): ***Aufgaben des Musikverlegers*** in Moser, P., Scheuermann, A. (Hrsg.) (1993): *Handbuch der Musikwirtschaft - Der Musikmarkt* (2. Auflage); Starnberg; S. 175

der Musikverlag nicht auf die reine Aufgabe des Subpublishings beschränken möchte). Der gut sortierte Katalog an musikalischen Werken bildet die wirtschaftliche Grundlage für das Arbeiten und Handeln des Musikverlags.

- Von besonderer Bedeutung sind auch die administrativen Aufgaben innerhalb des Musikverlags. Besonders Faktoren wie die Internationalisierung, Verlagszusammenschlüsse und -übernahmen, wechselnde rechtliche Rahmenbedingungen erfordern eine geordnete und stets aktuelle Verwaltungsebene im Musikverlag. Neben der Korrespondenz und den Absprachen mit weltweiten Verwertungsgesellschaften, Sub- oder Co-Verlagen müssen im administrativen Bereich auch die Verwaltung von Nutzungsrechten und Lizenzen koordiniert und überwacht werden, Zahlungsströme verfolgt und aufgezeichnet und entsprechende Auszahlungen von Tantiemen veranlasst werden.
- Die Vermittlung und das Platzieren von Songs bei Plattenfirmen und Tonträgerherstellern gehört zu den Schwerpunkten der Verlagsarbeit. Der ständige Kontakt zu den Kreativen der Tonträgerindustrie, zu A&R-Managern der Schallplattenfirmen, zu Musikproduzenten, Künstlermanagern und Tonstudios ist dabei von besonderer Bedeutung. Die Veröffentlichung eines Werkes auf einem Tonträger und somit dessen Verbreitung bleibt stets Ziel des Musikverlags.
- Aufgrund des sinkenden Absatzes von physischen Tonträgern und damit schrumpfenden Einnahmen aus dem Bereich der mechanischen Vervielfältigungsrechte gewinnen andere Verwertungsmöglichkeiten von Musik an Bedeutung. Einnahmen aus öffentlichen Aufführungen bzw. den Senderechten der Radio- und Fernsehstationen sind dabei eine Möglichkeit und werden durch entsprechende Marketing- und Promotionmaßnahmen gestützt.
- Dabei hat sich die direkte Vergabe von Nutzungsrechten durch den Musikverlag, besonders das Filmherstellungsrecht bzw. Synchronisationsrecht im Werbebereich, zu einem bedeutenden Geschäftsbereich entwickelt. Aufgrund der wirtschaftlichen Bedeutung dieser

Einnahmen werden die Filmherstellungsrechte von den meisten Musikverlagen aus dem Berechtigungsvertrag mit der GEMA ausgenommen, um direkt und eigenständig wahrgenommen zu werden.

- Für Musikverlage aus dem Bereich der E-Musik bleibt das Notengeschäft trotz rückläufiger Einnahmen ein Hauptbetätigungsfeld, ist das gedruckte Notenwerk doch nach wie vor Grundlage vieler öffentlicher Aufführungen. Auch im Bereich des Notenverleihs (z.B. Orchesterausgaben für Rundfunkorchester) oder der musikalischen Ausbildung (Musikschulen) besitzt das Notengeschäft Kernkompetenzen. Musikverlage der Unterhaltungsmusik hingegen lassen sich immer häufiger durch Verzichtserklärungen durch den Komponisten von der Pflicht der Verbreitung und Vervielfältigung von Notenausgaben freistellen bzw. vergeben den Notendruck per Lizenzvergabe weiter.
- Der Musikverlag hat zunehmend Aufgaben der Plattenfirmen, Tonträgerhersteller, Musikproduzenten und andere Teilnehmer der Musikwirtschaft übernommen. So fungieren immer mehr Musikverlage nicht mehr als reine Vermittler von musikalischen Werken zwischen Komponist und Interpret/Plattenfirma, sondern zunehmend als Partner und Manager der Musikschaffenden. Verstärkt agieren Verlage auch als „produzierende Musikverlage", nehmen neben Komponisten und Urhebern auch selbstständig Künstler und Interpreten unter Vertrag und produzieren endkundengeeignete Tonaufnahmen. Lediglich deren Vertrieb überlassen sie den etablierten Plattenfirmen.

4 Ausblick und Perspektiven

Nachdem neben der Geschichte und der Entwicklung der Musikverlage im vorangegangenen Kapitel auch die aktuellen Tätigkeiten, Aufgaben und Handlungsfelder der Musikverlage erläutert wurden, soll in den folgenden Abschnitten der Blick auf die weiteren Perspektiven bzw. möglichen Entwicklungen erfolgen. Dabei werden denkbare neue Verwertungsmöglichkeiten für musikalische Werke aufgezeigt, Trends und Entwicklungen beschrieben und Beispiele für neue Nutzungsmöglichkeiten gegeben. Neben den Verwertungs- und Nutzungsmöglichkeiten soll auch eine allgemeine Sicht auf die aktuellen Entwicklungen der Musikwirtschaft und des Musikverlagswesens im Speziellen erfolgen.

4.1 Neue Verwertungsmöglichkeiten für Musik

Wie kaum eine andere Entwicklung hat der Einfluss der neuen Medien und der modernen Technologien im Bereich der Kommunikation und der Datenübertragung die Geschäftsfelder und Tätigkeiten der Musikwirtschaft verändert. Durch die zunehmende Globalisierung, den rasanten Anstieg der breitbandigen Internetzugänge und die Möglichkeit der Digitalisierung von musikalischen Werken hat sich in der Musikwirtschaft ein struktureller Wandel vollzogen, der auch in Zukunft noch anhalten wird und neue Märkte speziell im Online- und Mobile-Bereich entstehen lässt. Digitale Vertriebsmöglichkeiten lassen neue Internet-Plattformen und Downloadmöglichkeiten entstehen und auch Kommunikations- und Marketingmaßnahmen verlagern sich in den digitalen Bereich.

Besonders der schon vorherrschende Trend zum „produzierenden Musikverlag" wird durch die digitalen Vertriebsmöglichkeiten weiter unterstützt. So lassen sich mittels Downloadplattformen musikalische Werke in digitaler Form direkt und unmittelbar vertreiben, ohne den (physischen) Vertrieb einer Plattenfirma nutzen zu müssen. Produzierte also der Musikverlag schon vorher selbständig musikalische Aufnahmen direkt für den Endverbraucher, wobei er aber besonders in der Tonträgerherstellung und dem Vertrieb noch auf die etablierten Strukturen z.B. einer Schallplattenfirma angewiesen war, hat er nun die Option, eine direkt durch den

Verlag gesteuerte Downloadmöglichkeit für seine produzierten musikalischen Werke zu realisieren.

Neben dem direkten digitalen Vertrieb von Musik lassen die digitalen Verwertungsmöglichkeiten für Musik eine Reihe weiterer digitaler Geschäftsmodelle im Bereich Multimedia und Internet entstehen. Ein Beispiel sind Videoportale und Video on Demand-Modelle. Dies sind Internetportale, welche eine Reihe Videos, Clips und (Kurz)filme zum Stream oder Download anbieten, die von Usern generiert oder durch Werbe- und Kooperationspartner des Betreibers dem Endverbraucher meist kostenlos zur Verfügung gestellt werden. Oftmals bestehen diese Portale zu einem großen Teil aus musikalischen Inhalten. Eine entsprechende Verwertung von Musik findet bereits statt; aufgrund einer Vielzahl von Faktoren wie fehlenden Lizenzverträgen, einer teilweise unklaren Rechtslage und einer schwierigen Kontroll- und Vergütungspraxis gestaltet sich die geldwerte Vergütung der Urheber und Verlage schwierig. Von besonderer und evtl. richtungsweisender Bedeutung ist in diesem Zusammenhang der anhaltende Konflikt zwischen neun internationalen Verwertungsgesellschaften[91] und dem Videoportal und Google-Ableger YouTube. Seit April 2009 verhandelt dieses Konsortium um einen Lizenzvertrag für die Musiknutzung auf YouTube, nachdem ein vorläufiger Vertrag aus dem Jahr 2007 Ende März 2009 ablief.[92] Dennoch bietet die Verwertung von Musik in Video- und Musik/Video on Demand-Portalen, trotz aller derzeitigen Probleme im Bereich Lizenzierung, Abrechnung und Vergütung, ein immenses Potential für Urheber, Musikschaffende und Verlage.

Es finden sich eine Reihe weiterer Musikverwertungsmöglichkeiten durch das Medium Internet, die sich derzeit entwickeln bzw. neue Geschäftsmo-

---

91 Diese 9 Verwertungsgesellschaften repräsentieren nach eigenen Angaben ca. 60 % des Weltrepertoires der Musik. Im Einzelnen besteht die Allianz der 9 internationalen Verwaltungsgesellschaften aus : AKM – Österreich; ASCAP – USA; BMI – USA; GEMA – Deutschland; SABAM – Belgien; SACEM – Frankreich; SESAC – USA; SIAE – Italien; SUISA – Schweiz

92 Vgl. KÖHLER, J. (Verf.) (2009): ***YouTube sperrt Musikvideos in Deutschland*** [ONLINE] http://www.musikmarkt.de/Aktuell/News/News/Archiv-2009/YouTube-sperrt-Musikvideos-in-Deutschland-Mittwoch-01.-April-2009/%28language%29/ger-DE [Stand: 31.07.2010]

delle entstehen lassen, z.B. im Bereich der Online-Musiknutzung auf gewerblichen Webseiten obliegt es dem Musikverlag, die Lizenzierung für das Herstellungsrecht und die Verwendung musikalischer Werke zu erteilen. Besonders im kommerziellen Bereich, bei Online-Produktpräsentationen und der werblich und verkaufsfördernden Nutzung von E-Mails und Webseiten öffnen sich Potentiale und Möglichkeiten für den aktiven Musikverlag. Besonders der lebhafte Bereich der Online-Werbung birgt weitere Chancen und Ausbaumöglichkeiten für die Verwertung von musikalischen Werken. Wurde bei der Vergabe von Werbesynchronisationsrechten für TV-Werbung, die Onlineverwertung noch vor einigen Jahren meist als günstige Pauschale den Werbeproduzenten überlassen, haben die Musikverlage heute die Potentiale und Bedeutung der Onlinewerbung erkannt und versuchen nun nutzungs- bzw. zugriffsgenau abzurechnen.

Zu den am stärksten wachsenden Bereichen der Musikindustrie zählt auch der Live-Bereich mit den höchsten Umsätzen pro Nutzer.[93] Der Musikverlag kann davon in zweifacher Weise profitieren. Neben der öffentlichen Aufführung und den dadurch wachsenden Einnahmen aus der Lizenzvergabe durch die GEMA, übertragen zunehmend Veranstalter und andere Anbieter das Live-Konzert per Stream ins Internet, bzw. stellen die Aufnahmen für den oftmals kostenpflichtigen Download bereit.[94] Auch in diesem Bereich hat sich noch kein einheitliches Vergütungsmodell herausgearbeitet bzw. herrscht besonders im internationalen Zusammenhang eine gewisse Unklarheit, die es zu Gunsten der Urheber, Musikverlage und Verwertungsgesellschaften zu beseitigen gilt.

Auch für den notenvertreibenden Musikverlag bietet das Internet eine Reihe von zusätzlichen oder neuen Geschäftsmöglichkeiten. Besonders durch die nun mögliche Digitalisierung von Noten und Partituren und der dadurch entstehenden Möglichkeit des direkten Vertriebs und der Schaffung von Downloadangeboten für den Endverbraucher, könnte als alternativer Vertriebsweg den sinkenden Einnahmen aus dem physischen No-

---

[93] Vgl. BAIERLE, C. (Verf.) (2009): ***Der Musikverlag***; München; S. 472

[94] Vgl. ebenda

tenverkauf durch die immer stärker sinkende Zahl von Musikfachgeschäften entgegengewirkt werden.

Neben den Bereichen Online, Internet und web 2.0 bieten neue Technologien und Entwicklungen aus dem Multimedia-Bereich eine zunehmende Verwertungsmöglichkeit für musikalische Werke. So erreichte die deutsche Videospielbranche im Jahr 2009 einen Umsatz von 1,8 Milliarden Euro und bis 2014 wird ein jährliches Plus von 5,4 Prozent erwartet.[95] Zwar sind die Umsätze der Verlage im Spielebereich noch auf einem niedrigen Niveau, dennoch zeigen nicht zuletzt die enormen Erfolge von Musikspielen wie der Guitar Hero Reihe (Ende 2008 wurde die Marke von 23 Millionen verkauften Einheiten überschritten)[96] oder zahlreichen Karaoke-Spielen wie der SingStar-Serie von Sony das enorme Potential dieser Branche.

Die stetige Weiterentwicklung von Mobiltelefonen und immer leistungsfähiger werdende Smartphones lösten im Multimedia- und Mobile-Bereich eine Veröffentlichungswelle an Applikationen, kleinen Programmen für die Ausführung auf Mobiltelefonen aus. Das von Apple entwickelte I-Phone und I-Pad sind nur zwei Beispiele, zeigen aber deutlich auf, wie schnell neue Technologien einen neuen Markt entstehen lassen können. Der App-Store, eine Onlineplattform betrieben von Apple, stellt mittlerweile über 225.000 Applikationen für den Download bereit – bis Juni 2010 stieg die Anzahl der Downloads auf über 5 Milliarden.[97] Bedenkt man, dass ein großer Teil dieser Applikationen musikalische Werke z.B. für die Hintergrundmusik, Spieluntermalung oder Ähnliches nutzt, wird auch hier das Potential des Marktes für die Musikschaffenden deutlich. Ein

95 Vgl. PricewaterhouseCoopers (Hrsg.) (2010): ***German Entertainment and Media Outlook: 2010 – 2014*** in *Global Entertainment & Media Outlook 2010-2014*; [ONLINE] http://www.pwc.com/gx/en/global-entertainment-media-outlook/index.jhtml [Stand: 31.07.2010]

96 Vgl. GAUDIOSI, J. (Verf.) (2008): ***Sequels keep video games buzzing in 2008***; Reuters (Hrsg.) (2008) [ONLINE] http://www.reuters.com/article/idUSTRE4BP0OL20081226?feedType=RSS&feedName=technologyNews&pageNumber=1&virtualBrandChannel=10339 [Stand: 31.07.2010]

97 Vgl. AppleInsider (Hrsg.) (2010): ***Apple says App Store has made developers over $1 billion***; [ONLINE] http://www.appleinsider.com/articles/10/06/07/apple_says_app_store_has_made_developers_over_1_billion.html [Stand: 31.07.2010]

weiteres prominentes Beispiel aus dem Mobile-Markt für eine neuartige Verwertung von Musik präsentierte Nokia mit dem Programm „Comes With Music". Im Rahmen spezieller Angebote erhält der Käufer eines Nokia-Mobiltelefons Zugriff auf ein großes Repertoire an Songs, welches er kostenfrei downloaden und auf dem Mobiltelefon anhören kann. Die Bedeutung der mobilen Verwertung von Musik zeigt sich auch darin, dass sämtliche Major Labels[98] sowie eine große Anzahl an Indie Labels ihr Musikrepertoire durch Verträge mit Nokia für das Projekt „Comes With Music" zur Verfügung stellten.

Auch der Klingelton- und Ringback-Tone-Markt, der mit dem florierenden Mobilemarkt entstand, ermöglichte eine neue Verwertung von musikalischen Werken. Unternehmen wie Jamba erwirtschaften mit dem Verkauf von Klingeltönen Millionenumsätze und offerieren interessante neue Verwertungsmöglichkeiten für Musikverleger.

4.2 Weitere Perspektiven für die Musikverlagswirtschaft

Durch die neuen Verwertungsmöglichkeiten, die immer schneller durch technologische Neuentwicklungen und Fortschritte entstehen, stehen auch die urheberrechtlichen Regelungen und Berechtigungsverträge der Verwertungsgesellschaften unter ständiger Anpassung. Besonders im Zusammenspiel mit Urheber, Musikverlag, Verwertungsgesellschaft und Musikverwerter herrschen bei neuartigen Nutzungsmöglichkeiten für musikalische Werke anfangs oftmals große Unsicherheiten. Wer lizenziert bei wem? Wer nimmt welche Rechte wahr? Das System der kollektiven Wahrnehmung durch die Verwertungsgesellschaft steht dabei dem Modell der direkten Lizenzvergabe durch die Musikverlage gegenüber. Und wie schon bei den Filmherstellungsrechten, die als Bestandteil des Berechtigungsvertrags grundsätzlich von der GEMA wahrgenommen werden, jedoch bei der großen Mehrheit der Musikverlage durch Widerruf aus dem Berechtigungsvertrag gestrichen und somit direkt und unmittelbar durch die Verlage an die Musiknutzer vergeben werden, zeichnet sich dieser Trend der Einzellizenzierung, der Wahrnehmung durch den be-

98 Universal Music Group, Sony Music Entertainment, Warner Music Group, EMI Music

treuenden Musikverlag bei einer Reihe neuer Verwertungsmöglichkeiten für Musik ab. Besonders in den Bereichen der neuen Medien, in denen bislang eine große Unsicherheit bezüglich der Lizenzierung von Rechten herrschte, ist der Trend zu direkten Lizenzverträgen zwischen Musikverlag und Musikverwerter sichtbar. Neben der Klärung der Kompetenzen und Lizenzierungswege verändern sich auch zunehmend die Lizenzierungsmethoden, beeinflusst durch die Digitalisierung moderner Kommunikationstechniken. So verfügen viele Musikverlage, insbesondere aus dem Bereich der Produktions- und Archivmusik, schon heute über moderne Onlineplattformen, auf denen der Musikverwerter direkten Zugriff auf das komplette Repertoire des Musikverlegers mit sämtlichen Daten und Informationen erhält, die gewünschten musikalischen Werke downloaden und direkt über den digitalen Weg unter Angabe von Nutzungsart, -dauer und -gebiet beim Verleger lizenzieren kann.

Eine weitere Entwicklung in der Musikverlagswirtschaft ist die Betätigung in weiteren, eigentlich verlagsuntypischen Geschäftsfeldern. Wie bereits mehrfach in dieser Arbeit dargestellt, haben sich die Tätigkeitsfelder und Aufgaben des Musikverlags durch zahlreiche schon genannte Faktoren verändert und befinden sich auch heute noch in einer stetigen Entwicklung und Wandlung. Der Rückgang des Notengeschäfts, die Zunahme der administrativen Aufgaben, die zunehmende Bedeutung im Bereich der Vergabe und Verwaltung von Nutzungs- und Verwertungsrechten, die Einbußen im physischen Tonträgermarkt und die gleichzeitige Zunahme der digitalen Musikangebote führen zu einer Neuorientierung und -strukturierung in der Musikwirtschaft. Zunehmend übernimmt der Musikverlag traditionelle Aufgaben der Plattenfirmen und Musikproduzenten, wie die Produktion und teilweise den Vertrieb von Musik oder klassische Tätigkeiten der Musik- und Künstlermanager – z.B. die Suche, den Aufbau und die Betreuung von Newcomern, Künstlern und Komponisten. Im Bereich Marketing und Promotion treten Musikverlage zunehmend eigenständig auf, um die Interessen ihrer Komponisten und Musikschaffenden zu unterstützen. Auch im kreativen Bereich, im A&R, übernehmen Musikverlage zunehmend die Aufgaben und Funktionen der Plattenfirmen und Tonträgerhersteller. Verlagsübernahmen und das zunehmende internationale Auftreten von Musikverlagen verändern ebenso die Musikwirtschaft und das Wirken und Handeln im Verlagswesen, wie die Gründung eigener Labels durch Musikverlage.

4.3 Zusammenfassung

Durch neue Medien und Technologien entstehen immer neue Verwertungs- und Nutzungsmöglichkeiten für musikalische Werke und gewandelte Marktbedingungen erfordern einen stetigen Anpassungs- und Optimierungsprozess der Geschäftsfelder und Tätigkeitsbereiche. So lassen sich zusammenfassend folgende Punkte zum Thema Ausblick, Perspektive und Aussichten für Musikverlage aufführen:

- Neue Medien und Technologien haben neue Verwertungs- und Nutzungsmöglichkeiten für musikalische Werke entstehen lassen. Schnelle und breitbandige Internetzugänge, die Digitalisierung von musikalischen Daten und die zunehmende Vernetzung ermöglichen neue Möglichkeiten der Musikverwertung und sorgen dafür, dass sich zunehmend Geschäftsfelder in den digitalen Bereich verlagern.
- Digitale Angebote wie Videoportale, Music on Demand, Webradio oder IP-TV erfordern angepasste Tarife, Lizenzverträge und eindeutige Definitionen für die Nutzung und Verwertung musikalischer Inhalte. Das schnelle Handeln seitens der Musikverleger, aber auch der Verwertungsgesellschaften, ist hier von größter Wichtigkeit.
- Neben der Schaffung eindeutiger Kompetenzen und Zuständigkeiten im Lizenzierungsvorgang erfährt auch der Lizenzierungsprozess an sich eine Veränderung. Durch digitale und moderne Kommunikationsmöglichkeiten wird der Lizenzierungsvorgang vereinfacht und in vielen Stellen beschleunigt.
- Die direkte und eigenständige Wahrnehmung von Nutzungsrechten gewinnt innerhalb der Musikverlage an Bedeutung. Besonders neue, durch die Verwertungsgesellschaften noch nicht definierte Nutzungsarten, werden im zunehmenden Maße durch den Musikverlag wahrgenommen mit dem Vorteil der individuellen Anpassung der Verträge.

- Auch der Werbebereich im Internet gewinnt an Bedeutung. Seien es TV-Werbespots, die im Internet zur Verfügung gestellt werden, eingeblendete Werbung in Onlineportalen, verkaufsfördernde Webseiten oder In-Game-Advertising. Aufgrund der Zunahme der Onlinewerbung besteht auch für den Musikverlag großes Potential für die Vergabe der erforderlichen Synchronisationsrechte.
- Für notenvertreibende Musikverlage gewinnen Downloadmöglichkeiten von digitalen Noten und Partituren an Bedeutung. Aufgrund des schrumpfenden Musikfachhandels müssen Musikverlage zunehmend im digitalen Bereich aktiv werden. Der direkte Verleih oder Verkauf von Noten mittels Onlineshop sind ein erster Schritt. Downloadmöglichkeiten oder das digitale Zurverfügungstellen von Noten besitzen weiterhin großes Ausbaupotential. Auch in Verbindung mit elektronischen Readern wie dem MusicPad Pro von Free-Hand ergeben sich neue Möglichkeiten für auf das Notengeschäft spezialisierte Musikverlage.
- Umsätze aus der Verwertung von Musik in Computer- und Videospielen haben derzeit nur einen marginalen Anteil im Portfolio der meisten Musikverlagshäuser. Zum einen mag dies mit dem frühen Stand in der Entwicklung der Computerspielindustrie zusammenhängen, wie sie die Filmindustrie beispielsweise bereits durchgemacht hat. Dennoch besitzt der Bereich der Videospiele ein enormes Potential für Musikverlage. Zum einen besitzen musikalische Elemente in Videospielen ähnlich wie in Filmen einen hohen Einfluss und sind von großer Bedeutung, zum anderen besitzen Computer- und Videospiele einen ähnlichen Nutzer- und Kundenkreis wie Musik.
- Auch der Mobile-Bereich mit Klingeltönen und Ring-Back-Tones erzeugt ständig neue Verwertungsmöglichkeiten für Musik. Besonders Musikverlage müssen dabei „am Puls der Technik" sein, um durch Kooperationen oder Lizenzvergaben an einem neu entstehenden Markt entsprechend zu partizipieren.

- Der Musikverlag hat Aufgaben der Plattenfirmen, Tonträgerhersteller, Musikproduzenten und anderer Teilnehmer der Musikwirtschaft übernommen. Der Schritt vom reinen Verwalter und Vermittler von musikalischen Werken zum Produzenten, Tonträgerhersteller und Verkäufer wurde durch den modernen Musikverlag unternommen. Aufgrund der sich ständig verändernden Medien- und Musiklandschaft, verstärkt durch das gewandelte Konsumverhalten des Endverbrauchers, muss der moderne Musikverlag auch zukünftig aktives „Business Development“ betreiben. Dabei gilt es auch, neue Geschäftsfelder und Aufgaben anderer Marktteilnehmer zu übernehmen.

5 Resümee / Fazit

In dieser Arbeit wurde aufgezeigt, wie sich das Musikverlagswesen in Deutschland entwickelte und sich Handlungsfelder, Aufgaben und Verwertungsmöglichkeiten bis heute verändert haben. Es wurden die Anfänge der Musikverlagsbranche aufgedeckt und die lange, geschichtliche Entwicklung mit prägnanten und historischen Einflüssen dargestellt und beschrieben. Die Entstehung und Ausbildung eines professionellen Verlagswesens wurde durch technologische Fortschritte wie der Erfindung des Notendrucks, dem Aufkommen erster Tonträger wie der Schallplatte und Tonbändern und durch technische Entwicklungen wie den elektronischer Medien maßgeblich beeinflusst und geprägt. Auch gesellschaftliche, kulturelle und rechtliche Einflüsse wie die Entstehung eines urheberrechtlichen Schutzgedankens, der Differenzierung und Spaltung in Unterhaltungsmusik und ernsthafte Musik, die Entwicklung von Verwertungsgesellschaften, die zunehmende Internationalisierung sowie ein gewandeltes Musiknutzungsverhalten der Konsumenten führten zu sich stetig verändernden Marktbedingungen. Diese Arbeit hat aufgezeigt, wie sich das moderne Musikverlagswesen im komplizierten Geflecht des Musik- und Medienmarkts mit neuen Geschäftsfeldern und Aufgabenbereichen positioniert hat. Traditionelle Aufgaben wie das Notengeschäft sind im Zuge wirtschaftlicher und technischer Veränderungen in den Hintergrund getreten und wurden durch neue Geschäftsmodelle und Handlungsfelder im Dienstleistungs-, Management- und kreativen Bereich substituiert. Die im modernen Musikverlagswesen tätigen Unternehmen sind zunehmend zum Gesamtdienstleister und Partner der Musikschaffenden geworden, traditionelle Tätigkeiten anderer Marktteilnehmer wurden im Zuge dieser Entwicklung übernommen und neue Aufgabenfelder geschaffen. Verstärkt ist der moderne Musikverlag an sämtlichen Produktions- und Verwertungsstufen musikalischer Werke beteiligt, besonders im Bereich der Unterhaltungsmusik. Als Geschäftspartner und Manager seiner Musikschaffenden fungiert der Verleger als Berater und Produzent, nimmt administrative Aufgaben wahr und bedient sich einer Reihe von Promotion- und Vermarktungsstrategien, um die bestmögliche Verwertung der musikalischen Werke zu erreichen.

Wie kaum ein anderer Bereich der Musikwirtschaft wurde das Musikverlagswesen durch neue Medien, technologische Entwicklungen und dem Aufkommen neuer Verwertungsmöglichkeiten in seiner Arbeitsweise und seinen Strukturen beeinflusst und verändert. Durch die zunehmende Digitalisierung, die zunehmende Vernetzung und das Aufkommen neuer Medien wurden auch stets neue Verbreitungsmöglichkeiten für Musik geschaffen. Infolge dieser Entwicklung hat die Vergabe und Verwaltung von Nutzungs- und Verwertungsrechten vehement an Bedeutung gewonnen. Während aufgrund der sinkenden Verkäufe von physischen Tonträgern die Umsätze aus dem Verwertungsbereich „Tonträger/mechanische Vervielfältigung" stagnieren oder gar sinken, steigt die Gewichtung von neuen Verwertungsmöglichkeiten. Der wachsende Markt der „neuen Medien", der digitalen Angebote und Online-Plattformen birgt ein immenses Potential und hat für die weitere Entwicklung des Musikverlagswesens große Relevanz. Eine Entwicklung, die dem modernen Musikverlag bei der Nutzung und Bedienung dieser Märkte zugute kommt, ist die zunehmende Festlegung und Definition der rechtlichen Rahmenbedingungen.

Die Digitalisierung von Musik und die zunehmende Vernetzung bieten im modernen Musikverlagswesen, neben den neuen Verwertungsmöglichkeiten für Musik, auch neue Wege der Kommunikation und Distribution. So bietet sich online die Möglichkeit, das Verlagsrepertoire direkt und schnell den potentiellen Verwertern bereitzustellen, inklusive eventueller zusätzlicher Informationen bzw. der Möglichkeit der direkten Lizenzierung. Die digitalen Vertriebsmöglichkeiten machen den Musikverlag unabhängig von externen Vertriebspartnern und ermöglichen ihm den weltweiten, direkten Zugang zu Verwertern und Musiknutzern.

Die Musikbranche sah sich in den letzten Jahrzehnten einer grundlegenden Veränderung ausgesetzt. Neue Medien, technologische Entwicklungen, verändertes Nutzungsverhalten und wechselnde Marktbedingungen haben alteingesessene Geschäftsfelder verschwinden lassen und etablierte Strukturen aufgeweicht. Die Geschichte des Musikverlagswesens zeigt jedoch, dass Veränderungen und Neustrukturierungen meist als Chance und Herausforderung begriffen wurden. Nun muss sich auch der moderne Musikverlag kreativ und flexibel in der Generierung und Etablierung neuer Geschäftsmodelle und der Erschließung neuer Märkte zeigen. Denn ganz gleich, in welcher Art und Form, auf welche Verwertungs- oder Nutzungsart – Musik wird es immer geben!

ANHANG

An dieser Stelle werden Informationen zur Zielgruppe, Stichprobe und den gültigen Rückmeldungen sowie eine einfache Auswertung und die wichtigsten Ergebnisse der durchgeführten Online-Umfrage dargestellt. Zusätzlich zu den Resultaten und Rückschlüssen durch die Auswertung der Befragung kam es aufgrund der Direktansprache der Umfrageteilnehmer im Laufe der Befragung zu einer Reihe von Experteninterviews via Telefon- und E-Mail-Korrespondenz, deren Informationen insbesondere in die Beantwortung der Fragestellung nach Perspektiven und Entwicklungen (z.B. für neue Verwertungsformen) einfloss.

Der dargestellte Musikverlagsvertrag ist lediglich eines von vielen Musterbeispielen. Es sind individuelle Anpassungen, das fallbezogene Formulieren, die Aufnahme oder Streichung von Exklusivität oder Nutzungsrechte möglich. Auch ist auf das Beinhalten der aktuellen Rechtsprechung zu achten. Der beigefügte Mustervertrag ist ein Musikverlagsvertrag, der in vorliegender oder ähnlicher Form typischerweise Anwendung bei U-Musikverlagen findet. Im Internet finden sich zahlreiche weitere Musterverträge:

http://www.suisa.ch/de/mitglieder/verleger/verlagsvertrag/
http://www.kultur-netz.de/musik/pdf/mustervertrag.pdf
http://www.rfv.ch/cms/upload/downloads/Verlagsvertrag_muster.doc

Umfrage – Design und Ergebnisse

Um neben der gängigen Literatur unterstützende Informationen, Zahlen und Daten zu erhalten, wurde eine Umfrage durchgeführt, um die Meinungen, Trends und Aussagen von Branchenkennern aus dem Bereich des Musikverlagswesens, der Musikwirtschaft oder Organisationen wie der GEMA oder dem DMV zu ermitteln. Aus diesem Grund wurde in Form eines Online-Fragebogens eine Primärerhebung durchgeführt. Eine internetbasierte Befragung bietet dabei die Vorteile der vereinfachten und kostengünstigen Realisierungs- und Publizierungsmöglichkeit. Auch bietet der digitale Fragebogen die Möglichkeit der direkten Auswertung, eine zeitintensive Erfassung von Offline-Fragebögen oder Interview-Protokollen entfällt. Dennoch lassen sich bei vereinzeltem Bedarf sehr einfach ausgedruckte Fragebögen auch Offline verteilen, um so Personen ohne Internetanschluss die Teilnahme zu ermöglichen. Da es sich um eine geografisch stark zerstreute Zielgruppe (G.S.A.) handelt, stellt die Onlinebefragung die einfachste Möglichkeit dar, diese leicht, schnell und direkt ansprechen zu können.

Als Zielgruppe für die Erhebung dienen Experten und Branchenkenner aus der Musikwirtschaft, speziell aus dem Bereich des Musikverlagswesens. Unter anderen gehören dazu Inhaber, Gründer und Geschäftsführer von Musikverlagen, Mitarbeiter aus den Bereichen A&R, Copyright, Licensing, Synchronisation, Marketing und Sales u.a. Um ein ausgewogenes Abbild der Musikverlagswirtschaft zu erreichen, gehört zu der befragten Zielgruppe der Ein-Mann-Verlag ebenso, wie der traditionelle Musikverlag aus dem Bereich der E-Musik, der konzerngebundene Major Publisher, der reine Subverleger, der produzierende Musikverlag mit angeschlossenem Label und der auf das Notengeschäft spezialisierte Verlag.

Um eine zielgerichtete Kontaktaufnahme ohne hohe Streuverluste zu ermöglichen, wurden die Kontaktdaten der ca. 450 Personen umfassenden Stichprobe (aus der gewählten Zielgruppe) recherchiert und per Direktmailing angesprochen. Bei ca. 200 Rückmeldungen konnte die Befragung mit knapp 160 qualitativ verwertbaren Teilnehmern nach ca. vier Wochen beendet werden.

Nachfolgend der Entwurf des Fragebogens sowie die Vorlage für das Direktmailing mit der Einladung und Bitte um die Teilnahme an der Befragung.

DER MUSIKVERLAG

Die Entwicklung des modernen Musikverlagswesens

Sehr geehrte Damen und Herren,

im Rahmen meiner Abschlussarbeit zum Thema 'Der Musikverlag – Die Entwicklung des modernen Musikverlagswesens' führe ich eine Expertenbefragung durch.

Dazu möchte ich Sie gerne um Ihr Urteil mittels dieser Online-Umfrage bitten. Die Teilnahme wird maximal 5 bis 10 Minuten in Anspruch nehmen. Alle Daten werden selbstverständlich anonymisiert erhoben und streng vertraulich behandelt. Sie dienen ausschließlich dem oben genannten Zweck.

Bei Interesse schicke ich Ihnen gerne Informationen über die Ergebnisse dieser Umfrage. Für Rückfragen stehe ich Ihnen selbstverständlich gerne zur Verfügung!

Ich bedanke mich herzlich im Voraus,
Urs Pfeiffer

--- [Signatur] ---

1. **Ist Ihr Verlag in den Schwerpunkten der ernsthaften Musik (E-Musik), der Unterhaltungsmusik (U-Musik) oder in beiden Richtungen tätig?**

- ☐ E-Musik
- ☐ U-Musik
- ☐ Kombination beider Richtungen

2. **Wie würden Sie die Hauptaufgaben und Tätigkeiten Ihres Verlags werten?**

	sehr wichtig	wichtig	weniger wichtig	eher unwichtig
• Künstler-, Komponisten-, Songsuche (A&R)	O	O	O	O
• Künstleraufbau, -betreuung, -beratung	O	O	O	O
• Produktion von Songs	O	O	O	O
• Vermittlung von Songs (exploitation)	O	O	O	O
• Notenproduktion/ -publikation	O	O	O	O
• Administrative Aufgaben / Abrechnungen	O	O	O	O
• Sonstiges 1:	O	O	O	O
• Sonstiges 2:	O	O	O	O

3. **Wie würden Sie die Hauptaufgaben und Tätigkeiten Ihres Verlags heute im Vergleich zu vor 10 Jahren beurteilen? Hat die Bedeutung der einzelnen Geschäftsfelder eher zu- oder abgenommen?**

	stark zugenommen	zugenommen	keine Veränderungen	abgenommen	stark abgenommen
• Künstler-, Komponisten-, Songsuche (A&R)	O	O	O	O	O
• Künstleraufbau, -betreuung, -beratung	O	O	O	O	O
• Produktion von Songs	O	O	O	O	O
• Vermittlung von Songs (exploitation)	O	O	O	O	O
• Notenproduktion/ -publikation	O	O	O	O	O
• Administrative Aufgaben/ Abrechnungen	O	O	O	O	O
• Sonstiges:	O	O	O	O	O

4. **Wie gewichten Sie die Umsatzanteile der folgenden Geschäftsbereiche in Ihrem Verlag? Umsätze aus....**

	sehr hoher Anteil	hoher Anteil	weniger hoher Anteil	eher niedriger A.
• Mechanischem Recht	O	O	O	O
• Aufführungsrechten	O	O	O	O
• Synchronisationsrechten	O	O	O	O
• Leistungsschutzrechten	O	O	O	O
• Notenpublikation, -verkauf, -verleih	O	O	O	O
• "Großes Recht"	O	O	O	O
• Sonstiges 1:	O	O	O	O
• Sonstiges 2:	O	O	O	O

5. **Welche Kanäle nutzen Sie, um die Werke Ihrer Urheber anzubieten?**
(Mehrfachantwort möglich)

☐ Persönliche Kontakte

☐ Internet – eigene Homepage

☐ Internet – externe Angebote; z.B. folgende:

....

☐ Sonstiges: ....

6. **An wen richtet sich dabei hauptsächlich Ihr Angebot?**
(Mehrfachantwort möglich)

☐ Tonträgerfirmen

☐ Musikproduzenten

☐ Orchester, Ensembles u.a.

☐ Agenturen (Werbung, TV, Film)

☐ AV-Produzenten

☐ Endkunde, Privatpersonen

☐ Sonstige Verwerter: ....

7. Wie würden Sie den Einfluss der folgenden Faktoren auf Ihren Verlag bewerten?

	sehr großer Einfluss	großer Einfluss	weniger großer Einfluss	eher kein Einfluss
• Rückgang des Tonträgermarktes	O	O	O	O
• Zunehmende Digitalisierung (mp3, Mobile usw.)	O	O	O	O
• Zunahme der privaten CD-Kopien	O	O	O	O
• Gewandeltes Musiknutzungsverhalten der Endverbraucher	O	O	O	O
• Filesharing / P2P-Angebote	O	O	O	O
• Globalisierung / internationale Vernetzung	O	O	O	O
• Sonstiges 1:	O	O	O	O
• Sonstiges 2:	O	O	O	O

8. In welchen Bereichen bzw. durch welche externen Einflüsse sehen Sie in Zukunft die größten Herausforderungen für Ihren Verlag?

- ....
....
....

9. Welche (neuen) Verwertungsmöglichkeiten sehen Sie in Zukunft für musikalische Werke?

- ....
....
....

<u>Die Beantwortung der folgenden Fragen dient lediglich statistischen Zwecken und ist freiwillig!</u>

10. Wie viele Mitarbeiter sind in Ihrem Unternehmen beschäftigt?

☐ unter 5 Mitarbeiter ☐ 5 bis 10 Mitarbeiter

☐ 11 bis 25 Mitarbeiter ☐ 26 bis 100 Mitarbeiter

☐ 101 bis 200 Mitarbeiter ☐ über 200 Mitarbeiter

11. Wie viele Komponisten bzw. Werke werden durch Ihren Verlag in etwa verwaltet?

- .... Komponisten
- .... Titel

12. Wie hoch ist der Jahresumsatz Ihres Unternehmens (in EURO)?

- .... Euro

13. Weitere Angaben zu Ihrem Unternehmen?

Vorname: ....

Name: ....

Funktion: ....

Firma: ....

Abteilung/Bereich: ....

E-Mail: ....

14. Hier haben Sie Platz für Kritik, Ergänzungen und persönliche Anmerkungen.

- ....
....
....

Herzlichen Dank für Ihre Unterstützung!

Sollten Sie weitere Fragen, Ergänzungen oder Anmerkungen haben, stehe ich Ihnen selbstverständlich gerne zur Verfügung!

Ich bedanke mich sehr herzlich,
Urs Pfeiffer

-- [Signatur] --

- **Frage 1:** Ist Ihr Verlag in den Schwerpunkten der ernsthaften Musik (E-Musik, der Unterhaltungsmusik (U-Musik) oder in beiden Richtungen tätig?

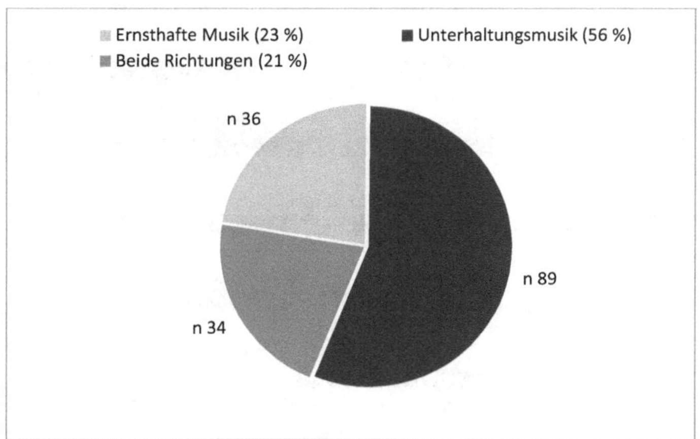

Differenziert man das Musikverlagswesen zwischen E-Musik und U-Musik, beträgt das **Verhältnis ca. 1 zu 2** – d.h. ca. 33 % der in Deutschland tätigen Musikverlage entsprechen dem Bild eines auf das Notengeschäft spezialisierten, klassischen Musikverlags im Bereich der E-Musik, 66 % haben den Schwerpunkt im Bereich der Unterhaltungsmusik. Das Ergebnis von Frage 1 spiegelt dieses Verhältnis wider, teilt man die 34 Antworten der in beiden Richtungen tätigen Musikverlage zur Hälfte dem E-Bereich, zur Hälfte dem U-Bereich zu.

Da sich die Aufgaben und Tätigkeiten der Musikverlage mit Schwerpunkt im E-Musikbereich teilweise stark von den Musikverlagen aus dem U-Bereich unterscheiden, wird auch im weiteren Verlauf der Studie die Differenzierung beibehalten, bzw. werden die Ergebnisse der E-Musikverlage gesondert ausgewiesen.

- **Frage 2:** Wie würden Sie die Hauptaufgaben und Tätigkeiten Ihres Verlags werten?

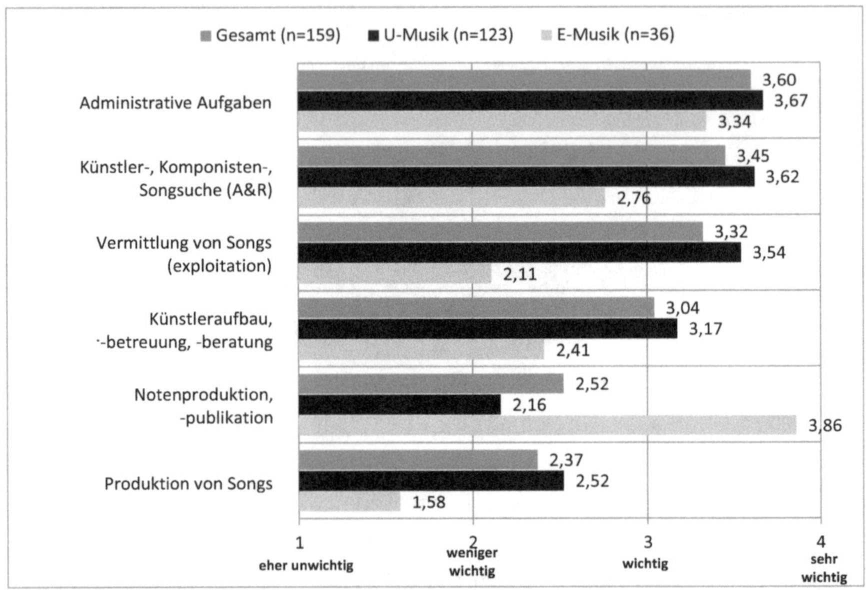

Deutlich zeigt es sich, dass die **administrativen Aufgaben** von der Mehrheit der Befragten Musikverlage (U- und E-Musik-übergreifend) als eine der wichtigsten Hauptaufgaben und Tätigkeiten gewertet werden. Auch die geringe Standardabweichung von nur 0,56 zeigt die große Gemeinsamkeit der Befragten.

Allerdings finden sich bei der Frage nach der Gewichtung der Hauptaufgaben und Tätigkeiten auch bedeutende Unterschiede, differenziert man die Antworten der im E-Musikbereich und U-Musikbereich tätigen Verlage. Hier zeigt sich, dass das **Notengeschäft mit Notenproduktion, Publikation und Verleih** nach wie vor das Hauptgeschäftsfeld und die Kernkompetenz der Musikverlage aus dem E-Musikbereich darstellt.

Die geringe Gewichtung des Notengeschäfts für Verlage mit Schwerpunkt in der Unterhaltungsmusik zeigt sich auch in der Tatsache, dass die **Produktion von Songs** eine höhere Gewichtung genießt als das Notengeschäft.

- **Frage 3:** Wie würden Sie die Hauptaufgaben und Tätigkeiten Ihres Verlags heute im Vergleich zu vor 10 Jahren beurteilen? Hat die Bedeutung der einzelnen Geschäftsfelder eher zu- oder abgenommen?

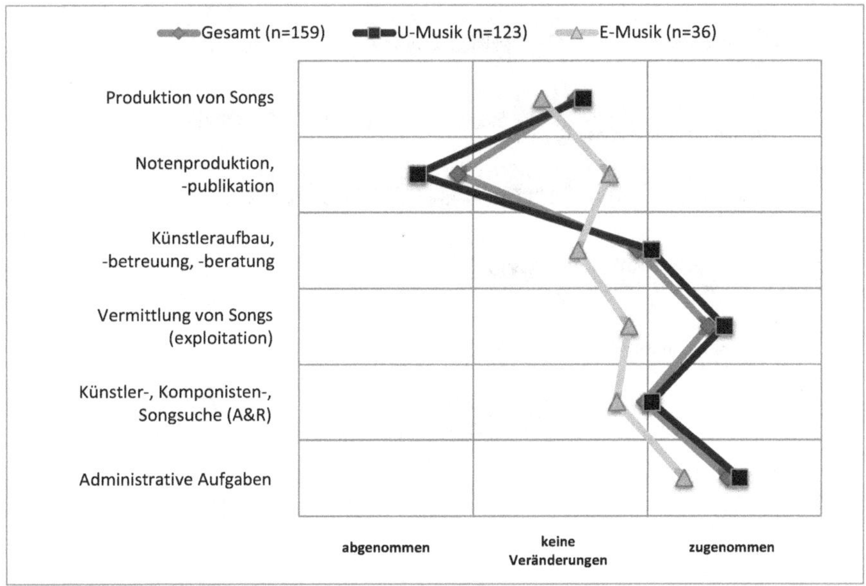

Auch in den Ergebnissen dieser Frage zeigt sich noch einmal der **Rückgang des Notengeschäfts,** bzw. die abnehmende Bedeutung dieses Geschäftsfeldes für die Musikverlagshäuser aus der Unterhaltungsmusik. Kompensiert wird dies durch die Zunahme der Bedeutung der Tätigkeiten im Bereich der **Vergabe von Nutzungs- und Verwertungsrechten,** dem **Songplugging bzw. -exploitation.**

Der schon in Frage 3 deutlich gewordene hohe Stellenwert der **administrativen Aufgaben** spiegelt sich auch in den Ergebnissen dieser Frage wider. Musikrichtungsübergreifend werden die administrativen Aufgaben heute im Vergleich zu vor 10 Jahren als wichtiger bzw. zugenommen in ihrer Bedeutung wahrgenommen.

- **Frage 4:** Wie gewichten Sie die Umsatzanteile der folgenden Geschäftsbereiche in Ihrem Verlag? Umsätze aus…

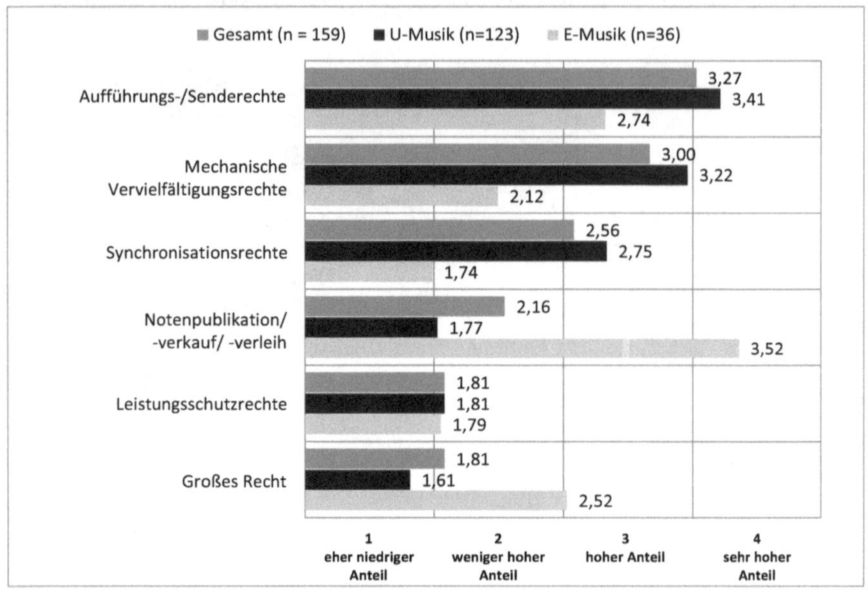

Auch in der Analyse der Umsätze aus den verschiedenen Geschäftsbereichen zeigt sich der **deutliche Unterschied zwischen der E- und der U-Musik**. Während das Notengeschäft mit den Aufgaben der **Notenpublikation**, dem **Verkauf und Verleih von gedruckten Notenwerken** bei den Verlagen der E-Musik einen sehr hohen Anteil hat, liegt er bei den Verlagen der Unterhaltungsmusik sogar noch unter dem Anteil der Umsätze aus **Leistungsschutzrechten** – ein Bereich, der gewöhnlich durch die Plattenfirmen und Tonträgerhersteller wahrgenommen wird. Auch der Bereich des „**Großen Rechts**", also der musikdramatischen Bühnenwerke, hat lediglich bei den in der ernsten Musik tätigen Musikverlagen eine bedeutende Gewichtung und spielt bei Verlagen der U-Musik nur eine unwesentliche Rolle.

Von Interesse ist der relativ hohe Anteil der Umsätze aus dem Bereich der **Synchronisationsrechte** – also Umsätze hauptsächlich aus den Bereichen der Filmherstellung und Werbung.

- **Frage 5:** Welche Kanäle nutzen Sie, um die Werke Ihrer Urheber anzubieten?

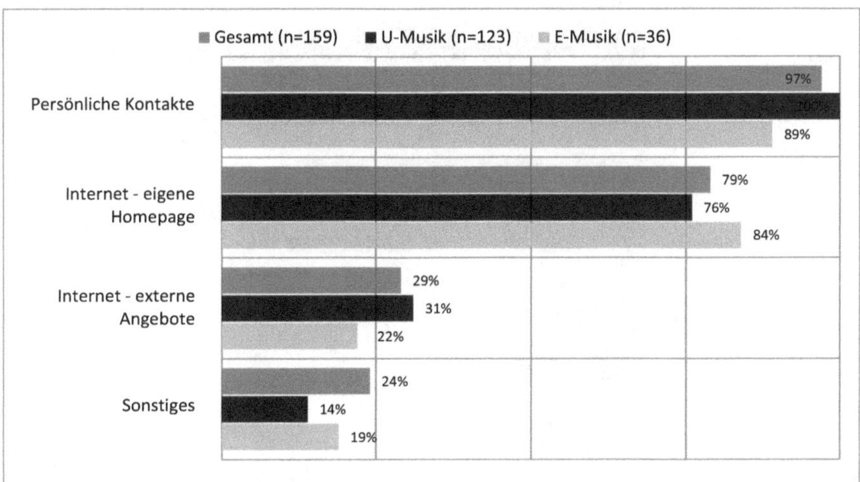

Das Ergebnis dieser Frage macht deutlich, dass der **persönliche Kontakt** den wichtigsten Kanal für den Musikverleger bei der Vermittlung der musikalischen Werke darstellt. Nahezu jeder der Befragten gibt an, seine persönlichen Kontakte zu nutzen, um die Werke der zu vertretenden Urheber anzubieten. Auch die **eigene Homepage** stellt ein wichtiges Kommunikations- und Distributionswerkzeug dar. **Online-Plattformen**, auf denen der Musikverlag die Werke seiner Urheber in digitaler Form zum Download oder Stream und mit zusätzlichen Informationen anbietet, gehören ebenso zu diesem Punkt. Meist bieten diese Portale komfortable Suchmöglichkeiten für den interessierten Musikverwerter, weitere Daten des Urhebers und des Songs und in seltenen Fällen (besonders im Archivmusikbereich) die direkte Lizenzierungsmöglichkeit.

In der Befragung häufig genannte **externe Angebote** sind (nach Anzahl der Nennungen sortiert): div. Social Community-Plattformen (Facebook, MySpace), branchenspezifische Angebote (MPN, Music2Deal, SongLink, SongsWanted), Kataloge/Verzeichnisse (IDNV).

Häufig genannte Sonstige sind (nach Anzahl der Nennung sortiert): Print (Werbung in Fachzeitschriften/Katalogen), Newsletter/Onlinewerbung, Messen, Verlagskataloge/Magazine (selbst- oder in Kooperation verlegt).

- **Frage 6:** An wen richtet sich dabei hauptsächlich Ihr Angebot?

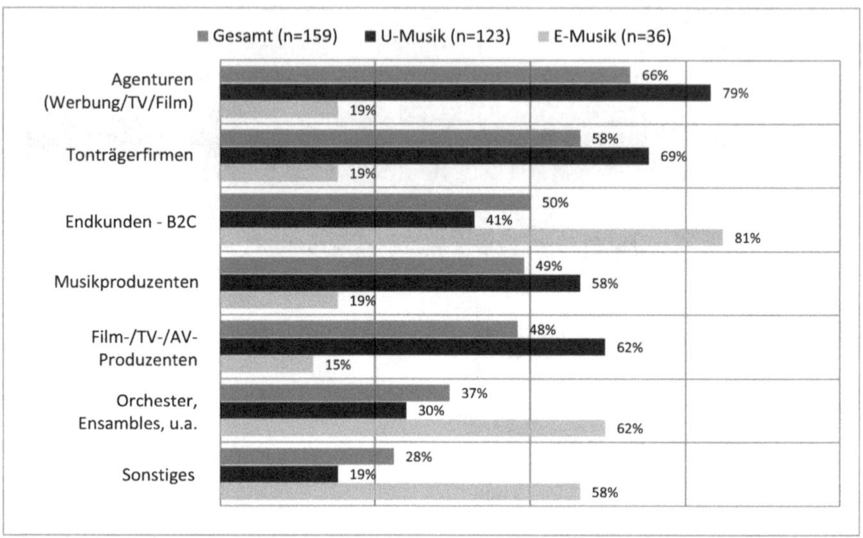

Die Analyse des Ergebnisses bei der Frage nach der Zielgruppe der Angebote der Musikverlage bringt einmal mehr den großen Unterschied zwischen Verlagen der Unterhaltungs- und der ernsthaften Musik zutage. Während sich die Angebote der **Unterhaltungsmusikverlage** in erster Linie an **Agenturen, Tonträgerfirmen, Film-, TV- und Musikproduzenten** richten, fokussiert der **Musikverlag der E-Musik den Endkunden und Verbraucher, Orchester und Ensembles.** Interessant dabei ist, dass dieses Ergebnis deutlich macht, wie stark sich die Art der Geschäftsbeziehung durch E- und U-Musik unterscheidet. Während die **TOP4-Zielgruppen der U-Musik-Verlage dem B2B-Bereich** zuzuordnen sind, geben **81 % der befragten E-Musik-Verlage den Endkunden und Verbraucher (B2C) als wichtigste Zielgruppe** an.

Die häufigsten „Sonstigen" genannten Zielgruppen sind: Musikalienhandel/Musikhandel, Veranstalter (Opern/Konzerthäuser/Theater/Bühnen), On-Air/Rundfunksender, Musikschulen/Musiklehrer, weitere (ausländische) Verlage.

- **Frage 7:** Wie würden Sie den Einfluss der folgenden Faktoren auf Ihren Verlag bewerten?

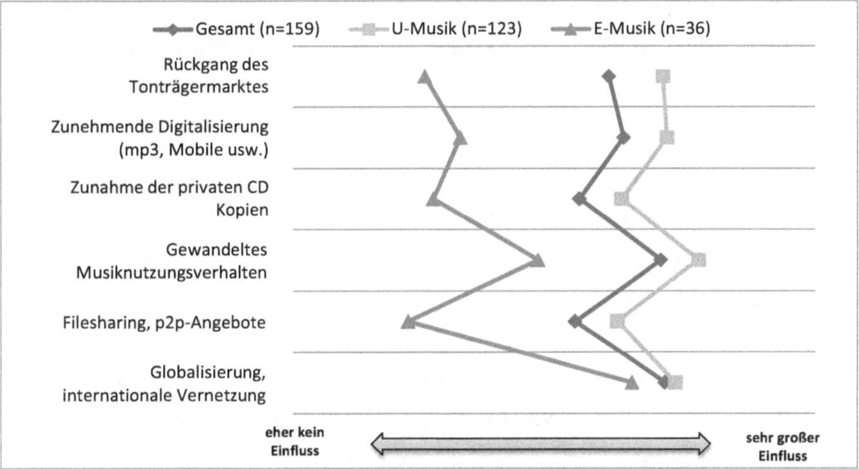

- **Frage 8:** In welchen Bereichen bzw. durch welche externen Einflüsse sehen Sie in Zukunft die größten Herausforderungen für Ihren Verlag?

Die häufigsten genannten Einflüsse sind:

- **Digitalisierung von Musik und Noten** und die Herausforderungen, die mit neuen, digitalen Medien auf die Musikverlage zukommen.
- **Neue Verwertungsmöglichkeiten** für musikalische Werke z.B. durch Software/Applikationen im Mobile-Bereich, Multimedia-Anwendungen und im Bereich der Werbung.
- **Die Gestaltung eines klaren Rechtsrahmens** u.a. für neue Verwertungsarten und die damit verbundene Preisfindung und Geldverteilung.
- **Rechtssicherheit** auch im Kontext der zunehmenden Internationalisierung (das Aufkommen eines internationalen Urheberrechts und internationale Verwertungsgesellschaften).

- Das Finden **neuer Geschäftsfelder** und die Zunahme **internationaler Kooperationen** sowie Verlagsaufkäufe und Zusammenschlüsse.
- Die Verwässerung des Wertes des "Kulturguts Musik", sowie ein **sinkendes Interesse an klassischer Musik** und musikalischer Ausbildung.

- **Frage 9:** Welche (neuen) Verwertungsmöglichkeiten sehen Sie in Zukunft für musikalische Werke?

Die Antworten hierauf sind vielseitig wie kreativ, bietet die Fragestellung doch auch viel Spielraum. Dennoch finden sich einige Gemeinsamkeiten. So finden sich in fast allen Vorschlägen und Meinungen zu neuen Verwertungsmöglichkeiten die Schlagwörter „**Internet/Online**", „**Digital**" und „**Mobile**". In Stichwörtern zusammengefasst die häufigsten Nennungen:

- Neue Downloadmöglichkeiten oder Flatrate-Modelle (z.B. „comes with music").
- Digitale Werbemodelle im Bereich Internet und Mobile.
- Zunahme der Bedeutung von IP-TV/Streaming/IP-Radio.
- Applikationen für Mobile, Internet, Social Web.
- Noten und Partituren in digitaler Form.
- E-Reader für Noten (z.B. MusicPad Pro/iPad).
- Nutzung von Musik in Computer- und Videospielen.

Musikverlagsvertrag - Muster

Musikverlagsvertrag

zwischen:____
(nachstehend URHEBER genannt, auch wenn es sich um mehrere Personen handelt)

und dem Verlag:____
(nachfolgend VERLAG genannt)

§1 – Vertragsgegenstand

(1) Der Urheber ist der Komponist/Textdichter des Werkes ____________________, das im Anhang weiter erläutert ist.

(2) Der Urheber steht dafür ein, dass sein Werk Rechte Dritter nicht verletzt, und dass er über die den Gegenstand dieses Vertrages bildenden Rechte noch nicht anderweitig verfügt hat.

(3) Der Urheber ist verpflichtet, die erforderlichen Korrekturen und Revisionen der Vervielfältigungsvorlage ohne besondere Vergütung unverzüglich vorzunehmen. Kommt er dieser Verpflichtung nicht innerhalb einer angemessenen Frist nach, so ist der VERLAG berechtigt, diese Leistungen auf Kosten des Urhebers anderweitig erbringen zu lassen. Kosten für Änderungen, die der Urheber nach erfolgtem Stich oder Satz oder nach Herstellung sonstiger Reproduktionsmittel verlangt, gehen zu seinen Lasten.

§2 – Rechtseinräumung

(1) Der Urheber räumt dem Verlag das ausschließliche Recht zur graphischen Vervielfältigung und Verbreitung des Werkes (Verlagsrecht) auf der ganzen Welt für alle Ausgaben und Auflagen in Verbindung mit dem Text/der Musik von den in Anhang genannten Textdichtern/Komponisten ein.

(2) Der Verlag hat ferner das ausschließliche Recht, auf der ganzen Welt den Vor- oder Nachdruck des Werkes u. a. in Einzelausgaben, Sammlungen, Anthologien, Programmheften, Zeitungen und Zeitschriften zu erlauben, und zwar auch getrennt für Text und Musik und in gekürzter Form (z. B. in einem Potpourri). Er ist allein befugt, die Vergütungsansprüche des Urhebers für erlaubnisfreie, aber vergütungspflichtige Vervielfältigungen durch Dritte geltend zu machen, soweit diese nicht unter Abs. (3) fallen (z. B. Vergütung für die Aufnahme in Schulbüchern usw., § 46 UrhG; Vergütung für die Benutzung bei Schulfunksendungen usw., § 47 UrhG). Der Verlag erteilt auch die erforderliche Erlaubnis für die reprographische Vervielfältigung von Noten zum privaten und sonstigen eigenen Gebrauch (§ 53 Abs. 4 UrhG).

(3) Der URHEBER räumt dem VERLAG ferner die folgenden ausschließlichen Nutzungsrechte bzw. Vergütungsansprüche an seinem Werk auf der ganzen Welt zur gemeinsamen Einbringung in die GEMA ein:

a) Die Aufführungsrechte am Werk mit oder ohne Text
b) Die Rechte der Hörfunk – Sendung
c) Die Rechte der Lautsprecherwiedergabe einschließlich der Wiedergabe als dramatisch – musikalisches Werk durch Lautsprecher
d) Die Rechte der Fernseh - Sendung
e) Die Rechte der Fernseh - Wiedergabe einschließlich der Wiedergabe als dramatisch – musikalisches Werk
f) Die Filmvorführungsrechte einschließlich der Rechte als dramatisch – musikalisches Werk
g) Die Rechte der Aufführung mittel der gem. Buchstabe h) hergestellten Vorrichtung.
h) Die Rechte der Aufnahme auf Tonträger und Bildtonträger und die Vervielfältigungs- und Verbreitungsrechte an Tonträgern und Bildtonträgern – bei Bildtonträgern vorbehaltlich der Regelung nach Buchstabe i) – einschließlich der Vergütungsansprüche aus §§ 27 Abs. 1 und 54 Abs. 1, 4, 5 und 6 UrhG. Hinzu kommen die Vergütungsansprüche aus § 27Abs. 1 UrhG. für Musiknoten.
i) Die Rechte zur Benützung des Werkes (mit oder ohne Text) zur Herstellung von Filmwerken oder jeder anderen Art von Aufnahmen

von auf Bildtonträgern; diese Rechte werden der GEMA unter einer auflösenden Bedingung übertragen.

j) Diejenigen Rechte, die durch künftige technische Entwicklung oder durch Änderung der Gesetzgebung entstehen und erwachsen, soweit sie den Rechten in den Buchstaben a) und i) entsprechen.

Der Umfang der vorstehend aufgeführten Rechte richtet sich nach dem Berechtigungsvertrag der GEMA in der zum Zeitpunkt des Abschlusses dieses Vertrages gültigen Fassung.

(4) Der VERLAG hat – vorbehaltlich der schriftlichen Zustimmung der URHEBERS nach Maßgabe der Sätze 2 und 3 dieses Absatzes – weiterhin das ausschließliche Recht, auf der ganzen Welt.

a) Bearbeitungen und sonstiges Veränderungen des Werkes, insbesondere Instrumentierungen, Arrangements oder Chorsätze, die Verwendung aktualisierter oder fremdsprachiger Texte zu erlauben und/oder das so veränderte Werk selbst zu verwerten.
b) Das mit dem Vertragswerk verbundene Werk mit einem anderen oder weiteren Text bzw. einer anderen oder weiteren Musik zu verbinden und diese Werkverbindungen auch nebeneinander zu verwerten oder das Vertragswerk aus der bestehenden Werkverbindung ganz herauszunehmen.
c) Das Werk bzw. eine Bearbeitung des Werkes für Werbezwecke aller Art zu nutzen bzw. eine Nutzung zu Werbezwecke aller Art durch Dritte zu erlauben.
d) Die Benutzung des Werkes als/zum Bühnenstück zu erlauben und/oder dieses zu verwerten (Großes Recht).

In diesen Fällen bedarf es der schriftlichen Zustimmung des Urhebers, es sei denn, die Beteiligungsansprüche des Urhebers nach § 5 würden dadurch nicht berührt. Der Urheber wird die Zustimmung nicht verweigern, wenn die Beteiligung Dritter an den Erträgnissen den Verteilungsplänen der zuständigen Verwertungsgesellschaft entspricht.

§3 – Vertragspflichten und -Rechte

(1) Der VERLAG ist insbesondere verpflichtet

a) Das Werk innerhalb einer angemessenen Frist nach Erhalt eines vervielfältigungsreifen Werkexemplars mit Nennung des Namens des Urhebers in handelsüblicher Weise zu vervielfältigen und es zu verbreiten; der Zeitpunkt hierfür soll zu gegebener Zeit einvernehmlich von den Vertragspartnern bestimmt werden.

b) Sich für die Nutzung der ihm nach § 2 eingeräumten Rechte in handelsüblicher Weise einzusetzen.

c) Soweit zum Schutz des Urheberrechts am Werk besondere Formalitäten erforderlich sind, diese in handelsüblicher Weise zu erfüllen. Für den Fall, dass ein Staat den Schutz des Urheberrechts oder einer Erneuerung oder Verlängerung von einer Anmeldung oder Eintragung abhängig macht, bevollmächtigt der URHEBER hiermit den VERLAG, dies durchzuführen. Der URHEBER verpflichtet sich zur Abgabe aller Erklärungen, die erforderlich oder zweckmäßig sind, um die erforderlichen und zweckmäßigen Anmeldungen, Erneuerungen, Verlängerungen und/oder Eintragungen durchzuführen.

(2) Der VERLAG wird über seine Aktivitäten nach Abs. 1 b) dem URHEBER jeweils auf Anfrage berichten. Von einer Erstveröffentlichung von Tonträgerproduktionen des Werkes wird ihm unverzüglich Mitteilung machen und ihm nach Erscheinen ein Exemplar übersenden; auf ihm bekannte Fernsehsendungen des Werkes soll er ihn frühzeitig hinweisen.

(3) Ausstattung, Ladenpreis und Vertriebsart aller Ausgaben und Auflagen werden vom Verlag nach pflichtgemäßem Ermessen bestimmt.

§4 – Absatzhonorar für Verlagsausgaben

(1) Für jedes verkaufte Exemplar zahlt der Verlag an den Komponisten und den Textdichter zusammen ______ % vom deutschen netto Ladenpreis (Endpreis abzüglich MwSt.), soweit nicht in §12 abweichende

Vereinbarungen getroffen worden sind. Dieser Beteiligungssatz gilt auch, wenn nur der Text oder die Musik verwertet wurde.

(2) Ist der URHEBER mehrwertsteuerpflichtig, so erhält er die Mehrwertsteuer zusätzlich.

(3) Der VERLAG rechnet einmal jährlich innerhalb von ___ Tagen nach Abschluss des vorangegangenen Kalender- /Geschäftsjahres ab und leistet gleichzeitig Zahlung. Beträge unter ____ Euro je Gesamtabrechnung können auf die nächste Abrechnung vorgetragen werden.

§5 – Beteiligung von URHEBER und VERLAG

(1) Beteiligung von URHEBER und VERLAG an den von einer Verwertungsgesellschaft, der s.o. beide angehören, jetzt und in Zukunft wahrgenommenen Rechte, ist deren Verteilungsplan maßgebend. Nimmt der Verlag diese Rechte ganz oder teilweise selbst wahr, so ist der zuletzt gültige Verteilungsplan maßgebend, wobei Kosten des Verlages unberücksichtigt bleiben.

(2) Soweit danach der Verteilungsplan nicht anwendbar ist oder keine Bestimmung trifft, werden die dem VERLAG zufließenden Erlöse nach einem unter §12 zu regelnden Schlüssel geteilt. Der VERLAG erhält jedoch keinesfalls mehr als die Hälfte dieser Einnahmen. § 4 Abs. 1 Satz 2 und Abs. 2 geltend entsprechend.

(3) Der VERLAG rechnet halbjährlich innerhalb von sechs Wochen/drei Monaten über die tatsächlichen Einnahmen des vorangegangenen Kalenderhalbjahres einschließlich etwaiger Garantie – oder Vorauszahlungen ab und leistet gleichzeitig Zahlung. Beträge unter ____ Euro je Gesamtabrechnung können auf die nächste Abrechnung vorgetragen werden.

§6 – Subverlage

(1) Der VERLAG kann die ihm eingeräumten Rechte für das Ausland an Subverlage in der Weise übertragen, dass diese entsprechend der Regelung im Subverlagsvertrag an den Einnahmen aus jeder Verwertung

des Werkes im Lizenzgebiet nach den Verteilungsplänen der für sie zuständigen Verwertungsgesellschaft beteiligt werden. Die Beteiligung aller Subbezugsberechtigten (Suburheber und Subverlag) darf jedoch insgesamt 50 % der Einnahmen nicht überschreiten. Der VERLAG kann den Subverlagen auch erlauben, die Musik mit einem Text in einer anderen als der Originalsprache zur Verwertung innerhalb ihres Lizenzgebietes zu verbinden unter der Voraussetzung, dass die Rechte der Originalurheber durch die Beteiligung eines Subdichters nicht mehr als branchenüblich geschmälert werden. Als branchenüblich gilt, was in den Verteilungsplänen der zuständigen Verwertungsgesellschaft für solche Fälle festgelegt ist.

(2) Abs. 1 gilt entsprechend, soweit der VERLAG über die sonstigen, nicht in § 2 Abs. 2 aufgeführten Vervielfältigungs- und Verbreitungsrechte verfügen kann.

(3) Über den Abschluss, den wesentlichen Inhalt und den Vertragspartner eines jeden Subverlagsvertrages wird der VERLAG den URHEBER auf Anfrage unterrichten. Der URHEBER kann den Vertrag einsehen.

(4) Soweit der URHEBER seinen Anteil aus der Verwertung im Subverlagsgebiet nicht über die zuständige Verwertungsgesellschaft erhält, sondern über den VERLAG, werden dessen Einnahmen nach §5 Abs. 2 verteilt.

(5) Enden die Rechte des Originalverlages – gleich aus welchem Grunde – vorzeitig, so bleibt die Zwischen Original – und Subverlag geschlossene Vereinbarung hiervon mit der Maßgabe unberührt, dass der URHEBER anstelle der VERLAGES in die Vereinbarung eintritt, ohne bereits entstandene Verbindlichkeit de Verlages zu übernehmen.

§7 – Miturheber

Haben mehrere die Musik bzw. den Text gemeinsam geschaffen, so stehen ihnen die Anteile des Komponisten bzw. des Textdichters nach den §§ 4 und 5, wenn nicht anders vereinbart, zu gleichen Teilen zu.

§8 – Belegexemplare

(1) Von jeder Ausgabe und Auflage, die der Verlag selbst herstellt, erhält der Urheber _____ Freiexemplare.

(2) Von allen anderen Ausgaben und Auflagen auch solchen von Tonträgern erhält der Urheber _____ Freiexemplar soweit der Verlag darüber verfügen kann.

(3) Weitere Exemplare kann der Urheber zum Verlagsabgabepreis zuzüglich Mehrwertsteuer beziehen. Er darf sie jedoch nicht verkaufen.

§9 – Urheberbenennung, Copyright - Vermerk

(1) Der VERLAG wird den URHEBER stets an der üblichen Stelle als solchen vermerken

(2) Er wird alle Werkexemplare mit dem Copyright – Vermerk nach Art. III WUA versehen und diese Verpflichtung auch dem Subverlag auferlegen.

§10 – Dauer des Vertrages

(1) Dieser Vertrag ist auf die Dauer der gesetzlichen Schutzfrist geschlossen. Wird diese in einem Land der Welt verlängert, so gilt dieser Vertrag auch für die Verlängerungsperiode.

(2) Das Recht der vorzeitigen Kündigung aus wichtigem Grund bleibt beiderseits unberührt.

(3) Das gleiche gilt für die Rückrufungsrechte des Urhebers aus den §§ 41, 42 UrhG. Als ungemessene Nachfrist gilt ein Zeitraum von Rückrufsrecht ist über die im Gesetzt geregelten Fälle hinaus gegeben, wenn

   a) der Vertrag der VERLAGES mit dem URHEBER des verbundenen Werkes anders als durch Schutzfristablauf endet,
   b) dem URHEBER (bei Miturheber allen zusammen) aus der Verwertung des Werkes durch VERLAG und Verwertungsgesellschaft für die letzten _____ Kalenderjahre nicht mehr als insgesamt _____ Euro

nach dem Geldwert am __.__.____ – zugeflossen sind (Alternative: z.B. fünf Jahre 250,- Euro)

Im Falle a) bedarf es der Setzung einer Nachfrist nicht. Im Falle b) beträgt die Nachfrist ___ Jahre; sind innerhalb dieser Frist dem URHEBER (bei Miturhebern allen zusammen) weitere mindestens ____ Euro – nach dem Geldwert am _._.___ – zugeflossen, so entfällt das Rückrufsrecht. Das Recht nach b) entfällt ferner, wenn der VERLAG für das Werk Leistungen erbracht hat, die über das normale Maß der verlegerischen Verpflichtungen hinausgehen, und diese Leistungen in einem von allen Vertragsbeteiligten zu unterzeichnenden Revers anerkannt werden.

(4) Im Falle des Absatzes (3) Buchstabe b) ist der URHEBER auf Verlagen des VERLAGEs verpflichtet, das noch vorhandene Material gegen Erstattung der anteiligen Herstellungskosten zu übernehmen.

§11 – Änderungen, Gerichtsstand

(1) Änderungen oder Ergänzungen des Vertrages bedürfen der Schriftform, wobei Briefwechsel genügt.

(2) Der VERLAG wird eine Verlegung seines Geschäftssitzes, eine wesentliche Änderung seiner Inhaber – oder Gesellschaftsverhältnisse und/oder den Verkauf einer Verlagsabteilung, zu der das Vertragswerk gehört, dem URHEBER unverzüglich mitteilen.

(3) Sollte eine Bestimmung dieses Vertrages nach dem Recht irgendeines Staates unwirksam sein oder werden, so gilt das, was dem wirtschaftlichen Gewollten am nächsten kommt. Die Gültigkeit des Vertrages im Übrigen wird dadurch in keinem Falle berührt. Die Vertragspartner sind einander verpflichtet, an einer entsprechenden Klarstellung des Vertragstextes mitzuwirken.

(4) Es gilt das Recht der Bundesrepublik Deutschland. Sind URHEBER und/oder VERLAG jetzt oder in Zukunft im Ausland ansässig, so sind auch die Urheberstreitkammern der Landgerichte Berlin oder München (I) nach Wahl des Klägers zuständig. Der Kläger kann den Be-

klagten, der im Ausland wohnt, auch an dessen allgemeinem Gerichtsstand verklagen.

§12 – Sonstiges

(1) Zu § 5 (2) Verteilung: prozentuale Angaben der Anteile: Text / Musik / Verlag

(2) evtl. Sonstiges

Ort, Datum ______________________ Unterschrift Urheber

____

Ort, Datum ______________________ Unterschrift Verlag

____

Anhang

Komponisten und Textdichter sowie deren Anteile am in § 1 des Verlagsvertrages vom __________________ genannten Werk.

Werkbezeichnung:____________________________________

Einzeltitel	Dauer	Textdichter	Komponist

Muster weiterer Vertragsarten

Muster für weitere Vertragsarten finden sich in der wissenschaftlichen Literatur, wie auch im Internet. So stellen zahlreiche Verbände (VUT, Deutscher Komponisten-Verband u.a.) Mustervorlagen für Bandübernahmeverträge zur Verfügung. Nachfolgend einige Beispiele:

- http://www.komponistenverband.de/content/view/188/98/
- http://www.vut-online.de/cms/wp-content/uploads/vut-muster-bandubernahme_final_clean.pdf
- Dr. Andreas Scheuermann – Handbuch der Musikwirtschaft (6. Auflage) (2003), Seite 1158 bis 1179

Auch für den wohl bekanntesten Vertragstyp, den Künstlervertrag, stellen zahlreiche Verbände und musikfördernde Vereine Vertragsmuster zur Verfügung.

- Dr. Andreas Scheuermann – Handbuch der Musikwirtschaft (6. Auflage) (2003), Seite 1119 bis 1139
- http://www.sounddoctor.de/download/Kuenstlervertrag.pdf
- http://www.iprecht.de/Anwalt/Muster/Mustervertraege/Kunstlerex Kunstlerexklu/kunstlerexklusivvertrag.html
- http://www.xglobe.com/index.php/muster-vertraege/kuenstlervertrag.html

LITERATUR-/QUELLENVERZEICHNIS

Baierle, Christian (Verf.) (2009): ***Der Musikverlag. Geschichte, Aufgaben, Medien und neue Herausforderungen;*** München, Musikmarkt-Verlag

Becker, Jürgen; Kreile, Reinhold (Verf.) (ohne Jahr): ***GEMA*** in Moser, Rolf; Scheuermann, Andreas (Hrsg.) (2003): *Handbuch der Musikwirtschaft. Der Musikmarkt* (6. Auflage); Starnberg, München, Josef Keller GmbH & Co. Verlags-KG, S. 687 - 707

Becker, Jürgen; Kreile, Reinhold (Verf.) (ohne Jahr): ***Verwertungsgesellschaften*** in Moser, Rolf; Scheuermann, Andreas (Hrsg.) (2003): *Handbuch der Musikwirtschaft. Der Musikmarkt* (6. Auflage); Starnberg, München, Josef Keller GmbH & Co. Verlags-KG, S. 593 - 631

Beer, Axel (Verf.) (ohne Jahr): ***Musikverlage und Musikalienhandel*** in Blume, Friedrich (Hrsg.): *Allgemeine Enzyklopädie der Musik. Die Musik in Geschichte und Gegenwart;* Band 6, Spalte 693; Kassel

Berndorff, B.; Berndorff, G.; Eigler, K. (Verf.) (2002): ***Musikrecht. Die häufigsten Fragen des Musikgeschäfts - Die Antworten*** (3. Auflage); Bergkirchen, PPV-Presse-Project-Verlags GmbH

Blume, Friedrich (Hrsg.) (ohne Jahr): *Allgemeine Enzyklopädie der Musik. Die Musik in Geschichte und Gegenwart;* Kassel

Breisinger, Rolf (Verf.) (ohne Jahr): ***Notendruck und Notenvertrieb*** in Moser, Rolf; Scheuermann, Andreas (Hrsg.) (2003): *Handbuch der Musikwirtschaft. Der Musikmarkt* (6. Auflage); Starnberg, München, Josef Keller GmbH & Co. Verlags-KG, S. 289 - 295

Budde, Rolf (Verf.) (ohne Jahr): ***Der Independet Verleger*** in Moser, Rolf; Scheuermann, Andreas (Hrsg.) (2003): *Handbuch der Musikwirtschaft. Der Musikmarkt* (6. Auflage); Starnberg, München, Josef Keller GmbH & Co. Verlags-KG, S. 300 - 309

Bundesverband Musikindustrie e.V. (Hrsg.) (2009): ***Gesamtumsatz des Tonträgermarktes*** in *Musikindustrie in Zahlen 2008;* Berlin

Bundesverband Musikindustrie e.V. (Hrsg.) (2009): ***Musikindustrie in Zahlen* 2008;** Berlin

Clement, Michel; Papies, Dominik; Schusser, Oliver (Verf.) (2009): ***Ökonomie der Musikindustrie*** (2. Auflage); Wiesbaden, Gabler Verlag / GWV Fachverlage GmbH Wiesbaden

Demmer, Christine; Rauhe, Hermann (Hrsg.) (1994): ***Kulturmanagement. Theorie und Praxis einer professionellen Kunst***; Berlin, de Gruyter

Deubzer, Wolfgang; Gilbert, Rolf; Scheuermann, Andreas; Westerhoff, Burkhard (Verf.) (ohne Jahr): ***Künstler-, Produzenten- und Bandübernahmeverträge*** in Moser, Rolf; Scheuermann, Andreas (Hrsg.) (2003): *Handbuch der Musikwirtschaft. Der Musikmarkt* (6. Auflage); Starnberg, München, Josef Keller GmbH & Co. Verlags-KG, S. 1091 - 1179

Djordjevic, Valentina (Verf.) (2008): ***Urheberrecht im Alltag. Kopieren bearbeiten selber machen*** (2. Auflage); Bundeszentrale für Politische Bildung (Hrsg.); Bonn, Schriftenreihe der Bundeszentrale für Politische Bildung, 655

Ende, Peter (Verf.) (ohne Jahr): ***Die konzerngebundenen Verlage*** in Moser, Rolf; Scheuermann, Andreas (Hrsg.) (2003): *Handbuch der Musikwirtschaft. Der Musikmarkt* (6. Auflage); Starnberg, München, Josef Keller GmbH & Co. Verlags-KG, S. 296 - 299.

Fukking, Jörg (2009): ***Der Musikverlag. Ein Einstieg*** (2. Auflage); München, Musikmarkt-Verlag - Media business library

Genossenschaft Deutscher Tonsetzer (Hrsg.) (1904): ***Die Anstalt für musikalisches Aufführungsrecht. Denkschrift der Genossenschaft Deutscher Tonsetzer***; Berlin

Gesellschaft für Konsumforschung (GFK) (2007): ***GfK Consumer Tracking***

Gesellschaft für musikalische Aufführungs- und mechanische Vervielfältigungsrechte (GEMA) (Hrsg.) (ohne Jahr): ***GEMA-Jahrbuch 2009/2010***; Baden-Baden, Nomos Verlagsgesellschaft mbH & Co. KG

Haring, Bruce (Verf.) (2002): ***mp3. Die digitale Revolution in der Musikindustrie***; Freiburg, Orange Press

Hauptfleisch, Norbert; Heine, Edward C. (Verf.) (ohne Jahr): ***Subpublishing*** in Moser, Rolf; Scheuermann, Andreas (Hrsg.) (2003): *Handbuch der Musikwirtschaft. Der Musikmarkt* (6. Auflage); Starnberg, München, Josef Keller GmbH & Co. Verlags-KG, S. 310 - 326.

Heine, Robert (Verf.) (2008): ***Wahrnehmung von Online-Musikrechten durch Verwertungsgesellschaften im Binnenmarkt***; Berlin, de Gruyter Recht (Schriften zum europäischen Urheberrecht, 7)

Hertin, Paul W. (Verf.) (ohne Jahr): ***Grundlagen des Musikurheberrechts*** in Moser, Rolf; Scheuermann, Andreas (Hrsg.) (2003): *Handbuch der Musikwirtschaft. Der Musikmarkt* (6. Auflage); Starnberg, München, Josef Keller GmbH & Co. Verlags-KG, S. 771 - 803

Homann, Hans-J. (Verf.) (2007): ***Praxishandbuch Musikrecht. Ein Leitfaden für Musik- und Medienschaffende***; Berlin, Heidelberg, Springer-Verlag

Juranek, Johannes (Verf.) (2002): ***Neue Medien in der Verlagswelt*** in Kolleritsch, Otto (Hrsg.) (2002): *Der Musikverlag und seine Komponisten im 21. Jahrhundert*; Graz/Wien

Kitzberger, Ralf (Verf.) (2009): ***Musikrecht***; München, Musikmarkt-Verlag - Media business library

Kolleritsch, Otto (Hrsg.) (2002): ***Der Musikverlag und seine Komponisten im 21. Jahrhundert***; Graz/Wien

Lichte, Walter (Verf.) (ohne Jahr): ***Musikverlagsverträge*** in Moser, Rolf; Scheuermann, Andreas (Hrsg.) (2003): *Handbuch der Musikwirtschaft. Der Musikmarkt* (6. Auflage); Starnberg, München, Josef Keller GmbH & Co. Verlags-KG, S. 1067 - 1090

Lyng, Robert (Verf.) (1993): ***Die Praxis im Musikbusiness*** (4. Auflage); München, PPV-Presse-Project-Verlag

Melichar, Ferdinand (Verf.) (1983): ***Die Wahrnehmung von Urheberrechten durch Verwertungsgesellschaften***; München, J. Schweitzer

Moser, Rolf; Scheuermann, Andreas (Hrsg.) (1993): ***Handbuch der Musikwirtschaft. Der Musikmarkt*** (2. Auflage) Starnberg, München, Josef Keller GmbH & Co. Verlags-KG

Moser, Rolf; Scheuermann, Andreas (Hrsg.) (2003): ***Handbuch der Musikwirtschaft. Der Musikmarkt*** (6. Auflage); Starnberg, München, Josef Keller GmbH & Co. Verlags-KG

Neubauer, Joachim (Verf.) (ohne Jahr): ***Aufgaben des Musikverlegers*** in Moser, Rolf; Scheuermann, Andreas (Hrsg.) (1993): *Handbuch der Musikwirtschaft. Der Musikmarkt* (2. Auflage); Starnberg, München, Josef Keller GmbH & Co. Verlags-KG, S. 175 - 179

Porter, Michael E. (Verf.) (1999): ***Wettbewerbsvorteile. Spitzenleistungen erreichen und behaupten*** (5. Auflage); Frankfurt am Main, Campus Verlag

Reinke, Daniel (Verf.) (2009): ***Neue Wertschöpfungsmöglichkeiten der Musikindustrie. Innovative Businessmodelle in Theorie und Praxis***; Baden-Baden, Nomos Verlag – Ed. Fischer

Renner, Tim (Verf.) (2008): ***Kinder, der Tod ist gar nicht so schlimm. Über die Zukunft der Musik- und Medienindustrie***; Berlin, Rogner & Bernhard

Schneider, Beate (Verf.) (2007): ***Musikwirtschaft und Medien. Märkte - Unternehmen - Strategien*** in Schneider, Beate; Weinacht, Stefan (Hrsg.) (2009): *Praxisforum Medienmanagement*; 7; München, Fischer Verlag

Schramm, Holger (Verf.) (2006): ***Consumption and effects of music in the of music in the media*** in *Communication Research Trends 25*, Heft 4, S. 3 - 29

Schulze, Erich (Verf.) (1981): ***Urheberrecht in der Musik*** (5. Auflage); Berlin, New York, de Gruyter

Schulze, Erich (Verf.) (1996): ***Die Musikwirtschaft. Marktstrukturen und Wettbewerbsstrategien der deutschen Musikindustrie***; Hamburg, Verlag Kammerer & Unverzagt

Schulze-Rossbach, Ulrich (Verf.) (2003): ***Das AMA-Musikerrecht. Rechtliche Grundlagen für Musiker, Texter und Komponisten***; Brühl, AMA-Verlag

Sirkorski, Hans W. (Verf.) (1994): ***Musikverlag - was ist das?*** in Rauhe, Hermann; Demmer, Christine (Hrsg.) (1994): *Kulturmanagement. Theorie und Praxis einer professionellen Kunst*; Berlin, de Gruyter

Sikorski, Hans W. (Verf.) (ohne Jahr): ***Geschichte des Verlagswesens*** in Moser, Rolf; Scheuermann, Andreas (Hrsg.) (2003): *Handbuch der Musikwirtschaft. Der Musikmarkt* (6. Auflage); Starnberg, München, Josef Keller GmbH & Co. Verlags-KG, S. 281 - 288

Sikorski, Hans W. (Verf.) (ohne Jahr): ***Musikverlag Gewerbe zwischen Kommerz und Mäzenatentum*** in Becker, J. (Hrsg.) (ohne Jahr) *Festschrift für Reinhold Kreile zu seinem 65. Geburtstag*; Baden-Baden

Stöhr, Jessica (Verf.) (2008): ***Perspektiven der U-Musikverlage auf dem Medienmarkt: Funktionsprinzipien, rechtliche Grundlagen, Vermarktungsformen, Analyse***; Saarbrücken, VDM Verlag Dr. Müller

Stroh, Heinz (Verf.) (2003): ***Deutscher Musikverleger-Verband*** in Moser, Rolf; Scheuermann, Andreas (Hrsg.) (2003): *Handbuch der Musikwirtschaft. Der Musikmarkt* (6. Auflage); Starnberg, München, Josef Keller GmbH & Co. Verlags-KG, S. 530 – 536

Thurner, Roland (Verf.) (2008): ***Musikvermarktung im Internet: Geschäftsmodelle der Musikindustrie im digitalen Zeitalter und Möglichkeiten für Musikpromotion im Internet***; Saarbrücken, VDM Verlag Dr. Müller

ELEKTRONISCHE QUELLEN

AppleInsider.com (Hrsg.) (2010): ***Apple says App Store has made developers over $1 billion***; [ONLINE] http://www.appleinsider.com/articles/10/06/07/apple_says_app_store_has_made_developers_over_1_billion.html [Stand: 31.07.2010]

Baier, Eckart (Verf.) (2008): ***Musikverlage: "Ich vermisse Konzepte der Politik"*** in: Börsenblatt.net (Hrsg.) (2008); [ONLINE] http://www.boersenblatt.net/183175/ [Stand: 31.07.2010]

Bundesverband Musikindustrie e.V. (Hrsg.); [ONLINE] http://www.musikindustrie.de/

Deutscher Komponistenverband (Hrsg.): ***Zeitschrift "Informationen"***; [ONLINE] http://www.komponistenverband.de/content/blogcategory/94/103/ [Stand: 31.07.2010]

Deutscher Musikverleger-Verband e.V. (Hrsg.) (2002): ***Musikmarkt-Interview mit DMV-Präsidentin Dagmar Sikorski***; [ONLINE] http://www.dmv-online.com/index.php?id=17&no_cache=1&sword_list=musikmarkt&sword_list=interview&sword_list=mit&sword_list=DMV&tt_news=685 [Stand: 31.07.2010]

Deutscher Musikverleger-Verband e.V. (Hrsg.) (2009): ***Der DMV***; [ONLINE] http://www.dmv-online.com/index.php?id=3 [Stand: 31.07.2010]

Dr. Sauter Musikverlag GmbH (Hrsg.) (ohne Jahr): ***Glossar. U-Musik***; [ONLINE] http://www.sautermusik.de/glossar.html#u_umusik [Stand: 31.07.2010]

Dr. Sauter Musikverlag GmbH (Hrsg.) (ohne Jahr): ***Glossar. E-Musik***; [ONLINE] http://www.sautermusik.de/glossar.html#e_emusik [Stand: 31.07.2010]

Fernholz, M. (Verf.) (2009): ***Funktionen der Musikverlage. Verlage im Musikbusiness als Verwerter geistigen Eigentums***; Suite101.com Media Inc. (Hrsg.) (2009) [ONLINE] http://musikindustrie.suite101.de/article.cfm/funktionen_der_musikverlage [Stand: 31.07.2010]

Gabler Verlag (Hrsg.) (ohne Jahr): ***Gabler Wirtschaftslexikon. Stichwort Anspruchsgruppen***; [ONLINE] http://wirtschaftslexikon.gabler.de/Archiv/1202/anspruchsgruppen-v5.html [Stand: 31.07.2010]

Gabler Verlag (Hrsg.) (ohne Jahr): ***Gabler Wirtschaftslexikon. Leistungsschutzrechte***; [ONLINE] http://wirtschaftslexikon.gabler.de/Definition/leistungsschutzrechte.html [Stand: 31.07.2010]

Gaudiosi, John (2008): ***Sequels keep video games buzzing in 2008***; Reuters (Hrsg.) (2008); [ONLINE] http://www.reuters.com/article/idUSTRE4BP0OL20081226?feedType=RSS&feedName=technologyNews&pageNumber=1&virtualBrandChannel=10339 [Stand: 31.07.2010]

Gering, Robert A. (Verf.) (ohne Jahr): ***Eine kurze Geschichte des Urheberrechts***; Bundeszentrale für politische Bildung (Hrsg.) (ohne Jahr); [ONLINE] http://www.bpb.de/themen/YQG3ET,0,0,Eine_kurze_Geschichte_des_Urheberrechts.html [Stand: 31.07.2010]

Gering, Robert A. (Verf.) (2007): ***Geschichte des Urheberrechts***; Bundeszentrale für politische Bildung (Hrsg.) (2007); [ONLINE] http://www.bpb.de/themen/Z1SGXH,1,0,Geschichte_des_Urheberrechts.html [Stand: 31.07.2010]

Gesellschaft für musikalische Aufführungs- und mechanische Vervielfältigungsrechte (GEMA) (Hrsg.) (ohne Jahr): ***Geschäftsbericht 2009***; [ONLINE] http://www.gema.de/fileadmin/inhaltsdateien/urheber/geschaeftsbericht/GB_2009.pdf [Stand: 31.07.2010]

Gesellschaft für musikalische Aufführungs- und mechanische Vervielfältigungsrechte (GEMA) (Hrsg.) (2007): ***Berechtigungsvertrag***; [ONLINE] http://www.gema.de/fileadmin/inhaltsdateien/urheber/formulare/gema_berechtigungsvertrag.pdf [Stand: 31.07.2010]

Gesetz über Urheberrecht und verwandte Schutzrechte (Urheberrechtsgesetz); UrhG, vom 17.12.2008; [ONLINE] http://bundesrecht.juris.de/urhg/BJNR012730965.html [Stand: 31.07.2010]

Gesetz über Wahrnehmung von Urheberrechten und verwandten Schutzrechten (Urheberrechtswahrnehmungsgesetz); UrhWG, vom 26.10.2007; [ONLINE] http://bundesrecht.juris.de/urhwahrng/BJNR012940965.html [Stand: 31.07.2010]

Handke, Christian (Verf.) (2005): ***VUT Studie. Wachstum gegen den Trend***; Verband unabhängiger Musikunternehmen e.V. (VUT) (Hrsg.) (2005); [ONLINE] http://www.vut-online.de/cms/wp-content/uploads/vut_studie_wachstumgegendentrend.pdf [Stand: 31.07.2010]

Junker, Markus (Verf.) (2002); Europäische EDV-Akademie des Rechts (Hrsg.) (2002) [ONLINE] http://remus.jura.uni-sb.de/pages/hochschule/grundwissen/ueberblick.php [Stand: 31.07.2010]

Köhler, Julia (2009): ***YouTube sperrt Musikvideos in Deutschland***; musikmarkt - das Branchenmagazin (Hrsg.) (2009) [ONLINE] http://www.musikmarkt.de/Aktuell/News/News/Archiv-2009/YouTube-sperrt-Musikvideos-in-Deutschland-Mittwoch-01.-April-2009/%28 language%29/ger-DE [Stand: 31.07.2010]

Medienpädagogischer Forschungsverbund Südwest (Hrsg.) (2009): ***JIM-Studie 2009***; [ONLINE] http://www.mpfs.de/fileadmin/JIM-pdf09/JIM-Studie2009.pdf [Stand: 31.07.2010]

PricewaterhouseCoopers (Hrsg.) (2010): ***German Entertainment and Media Outlook: 2010 – 2014*** in *Global Entertainment & Media Outlook 2010-2014*; [ONLINE] http://www.pwc.com/gx/en/global-entertainment-media-outlook/index.jhtml [Stand: 31.07.2010]

Ritter, Johannes; Schäfer, Daniel; Theurer, Marcus (Verf.) (2006): ***Medien - Schlangestehen beim Bertelsmann-Musikverlag***; Frankfurter Allgemeine Zeitung (Hrsg.) (2006); [ONLINE] http://www.fazfinance.net/Aktuell/Wirtschaft-und-Konjunktur/Schlangestehen-beim-Bertelsmann-Musikverlag-9949.html [Stand: 31.07.2010]

Scholz, Lothar (Verf.) (2008): ***Phonomarkt***; Deutscher Musikrat gGmbH - Deutsches Musikinformationszentrum (Hrsg.) (2008); [ONLINE] http://www.miz.org/static_de/themenportale/einfuehrungstexte_pdf/07_Musikwirtschaft/scholz.pdf [Stand: 31.07.2010]

Seyfert, Christian (Verf.) (2007): ***Zur Wahrnehmung der Rechte an dramatisch-musikalischen Werken durch die GEMA***; Medien Internet und Recht (MIR) (Hrsg.) (2007); [ONLINE] http://medien-internet-und-recht.de/volltext.php?mir_dok_id=575 [Stand: 31.07.2010]

Söndermann, Michael (Verf.) (2008): ***Musikwirtschaft***; Deutscher Musikrat gGmbH - Deutsches Musikinformationszentrum (Hrsg.) (2008); [ONLINE] http://www.miz.org/static_de/themenportale/einfuehrungstexte_pdf/07_Musikwirtschaft/soendermann.pdf [Stand: 31.07.2010]

Söndermann, Michael (Verf.) (2010): ***Unternehmen und Umsätze in der Musikwirtschaft und im Phonomarkt in Deutschland 2000 - 2008***; Deutscher Musikrat gGmbH - Deutsches Musikinformationszentrum (Hrsg.) (2010); [ONLINE] http://www.miz.org/intern/uploads/statistik45.pdf [Stand: 31.07.2010]

SUISA (Hrsg.) (2010): ***SUISA Muster Verlagsvertrag***; [ONLINE] http://www.suisa.ch/fileadmin/user_upload/Downloads/Mustervertraege/Muster_Verlagsvertrag.doc [Stand: 31.07.2010]

Tietze, Thomas (Verf.) (2008): ***Musikverlage***. Deutscher Musikrat gGmbH - Deutsches Musikinformationszentrum (Hrsg.) (2008); [ONLINE] http://www.miz.org/static_de/themenportale/einfuehrungstexte_pdf/07_MusikwirMusikwi/tietze.pdf [Stand: 31.07.2010]

World Intellectual Property of Organization (WIPO) (Hrsg.) (ohne Jahr): ***Contracting Parties***; [ONLINE] http://www.wipo.int/treaties/en/ShowResults.jsp?lang=en&treaty_id=15 [Stand: 31.07.2010]

Zeitfracht Medien GmbH
Ferdinand-Jühlke-Straße 7
99095 Erfurt, Deutschland
produktsicherheit@kolibri360.de